日本动画大师研究

——为孩子织梦的人

王浩宇　著

Wuhan University Press
武汉大学出版社

图书在版编目（CIP）数据

日本动画大师研究：为孩子织梦的人 / 王浩宇著．—武汉：武汉大学出版社，2023.7

ISBN 978-7-307-23801-5

Ⅰ.日… Ⅱ.王… Ⅲ.动画片—艺术家—人物研究—日本 Ⅳ.K833.135.72

中国国家版本馆CIP数据核字（2023）第094959号

责任编辑：周媛媛　　责任校对：牟　丹　　版式设计：文豪设计

出版发行：**武汉大学出版社**　（430072　武昌　珞珈山）

（电子邮箱：cbs22@whu.edu.cn　网址：www.wdp.com.cn）

印刷：三河市京兰印务有限公司

开本：710×1000　1/16　　印张：9.25　　字数：150千字

版次：2023年7月第1版　　2023年7月第1次印刷

ISBN 978-7-307-23801-5　　定价：58.00元

内容提要

20世纪80年代，日本漫画和动画开始进入中国市场，《天空之城》《铁臂阿童木》《森林大帝》《太空堡垒》……一批优秀的动画电影进入人们的视野，为中国的孩子们开启了一扇通往奇幻世界的大门。笔者经过数年的图书资料收集，整理出了宫崎骏、新海诚、高畑勋、细田守、大友克洋、今敏、押井守等七位动画大师的创作手稿、访谈资料以及部分影片的分镜头脚本。本书将从他们的代表作、访谈文献以及纪录片入手，深入剖析几位动画大师的创作风格、导演思路、技术探索，以及蕴藏在作品背后更深层次的思考。

前　言

寻找织梦的人

20世纪80年代末，伴随改革开放，我国引进了一大批优秀的海外动画影片，让我国观众有机会欣赏来自世界各地不同风格的动画电影。笔者永远忘不掉第一次在中央电视台看到《天空之城》(1986年,宫崎骏导演)时的那种震撼与感动——藏在巨大积雨云中央的天空之城、从天而降的少女、有情有义的空盗、爱好和平的机器人……这些天马行空的故事与中国传统动画风格迥异，剧情更加紧凑，打斗更加激烈，给笔者留下了难以磨灭的印象。儿童时期最美的梦，莫过于挂着飞行石吊坠翱翔于天际，吉卜力工作室（《天空之城》由吉卜力工作室和德间书店联合制作）也成了笔者心中最厉害的造梦工厂。

由于工作的关系，笔者有机会接触到更多的日本优秀动画电影，吉卜力工作室的《风之谷》《龙猫》《萤火虫之墓》《魔女宅急便》《岁月的童话》《红猪》《百变狸猫》《幽灵公主》《我的邻居山田君》《千与千寻》《哈尔的移动城堡》《悬崖上的金鱼姬》《借东西的小人阿莉埃蒂》《起风了》《辉夜姬物语》《记忆中的玛妮》《玛丽的魔女之花》；大友克洋导演的《阿基拉》《蒸汽男孩》《火要镇》及“回忆三部曲”；新海诚导演的《你的名字。》《追逐繁星的孩子》《秒速5厘米》《言叶之庭》《天气之子》;细田守导演的《夏日大作战》《狼的孩子雨和雪》《穿越时空的少女》《怪物之子》;押井守导演的《机动警察》《攻壳机动队》《攻壳机动队2：无罪》《空中杀手》……每一部都制作精良。如果将一部部作品都看作一条条细细的丝线的话，就会发现这些精美的动画作品织绘出了一张孩子的美梦之网，在这张五颜六色的网里，有坚强的探险少年、勇敢的独立少女、叛逆的暴走机车、酷炫的机器人；有充满了冒险的好奇心，也饱含少男少女之间的暧昧情愫；有对社会底层的探讨，也有对未来世界的疑惑。

面对这样一张五彩纷呈的梦想之网，笔者对织就这张巨网的导演充满了仰慕之情，同时也对这些造梦大师产生了兴趣，他们为什么要讲述这样的故事？他们各自有什么绝招？他们想要通过影片传达什么观点？这便是撰写本书的初衷，然而在对各位动画大师相关的资料进行收集整理后，笔者发现这些疑问的背后所蕴含的答案实在太多，所以只能挂一漏万，从导演风格、创新技术的角度架构本书，力图通过本书为动画爱好者们展现出一幅百花齐放的画面，使读者能够对不同动画导演的成名之路有所了解，同时也能对日本动画的发展历史有一定的了解。

宫崎骏导演曾经说过："两小时的电影若是花三年来制作，就表示那三年的时间等同于短短的两小时。"这句话饱含了动画人工作的艰辛。如果说每一部动画电影里都凝聚着动画大师三年的辛苦工作的话，我们是否可以将上面所描述的那张梦想之网看作动画大师一生努力工作的璀璨结晶。成为孩子的织梦者并不是一件容易的事，希望通过本书能够让读者看到动画人在带给孩子欢乐的过程中所付出的每一滴汗水。

目录

第一章　宫崎骏

第一节 宫崎骏简介

宫崎骏（Miyazaki Hayao），1941 年 1 月 5 日生于东京都，在家里的四个兄弟中排行第二。高中三年级时，他看了由东映动画制作的日本第一部彩色长篇动画——《白蛇传》，被影片深深吸引而下定决心加入动画行业，创作自己的影片。1963 年，22 岁的宫崎骏在大学毕业后选择进入东映动画公司工作，成为一名动画师。

1965 年，东映动画开始筹备并拍摄《太阳王子霍尔斯的大冒险》，这部历时三年拍摄完成的影片不仅是宫崎骏作为主创人员拍摄的第一部动画长片，更把宫崎骏和高畑勋两位动画大师牵到了一起，成为后来吉卜力工作室（动画工作室，成立于 1985 年年中，原附属于德间书店，由宫崎骏、高畑勋和铃木敏夫一起统筹）的“出发点”。

1971 年，宫崎骏与高畑勋、小田部羊抱着改变日本动画现状的理想，一起离开了东映动画，加入“A Production”公司（现今的 SHIN-EI 动画公司）。

1978 年，首次担任导演拍摄了电视动画《未来少年柯南》。

1979 年，38 岁的宫崎骏终于以导演的身份拍摄了他的第一部剧场版长篇电影《鲁邦三世：卡里奥斯特罗之城》。由于这部影片本身是动画连续剧的剧场版，并不是严格意义上的动画长篇电影，因此宫崎骏并不认为这部影片是他在动画电影长片上的“出发点”。

1983 年，电影版《风之谷》开始筹备，1984 年影片一经上映，获得多方赞誉，同时吸引了 92 万人次观影，制片方也获得了 7.4 亿日元的分账收入[1]，成为当时的热门电影。由于《风之谷》的成功，德间书店内部迅速决定与宫崎骏导演再度合作，拍摄了《天空之城》（1986 年），正是在该片的筹备过程中，宫崎骏、

1　[日]铃木敏夫口述，[日]柳桥闲文本整理．吉卜力的伙伴们：我是这样卖宫崎骏、高畑勋电影的 [M]．黄文娟译．北京：中信出版集团，2018 年版，第 9 页．

高畑勋和铃木敏夫三人决定单独租下制作场地，成立吉卜力工作室，这也标志着宫崎骏导演在动画电影长片领域的正式“出发”。

从吉卜力工作室成立至今，宫崎骏导演完成了《龙猫》《千与千寻》等多部脍炙人口的动画长篇电影，并且保持着日本院线的最高票房纪录，同时也获得了多项电影行业大奖。

2014 年 8 月，美国电影艺术与科学学院宣布，授予宫崎骏奥斯卡终身成就奖。

2015 年 2 月 22 日，获得了第 87 届奥斯卡金像奖奥斯卡荣誉奖。

2018 年 10 月 23 日，被洛杉矶影评人协会评选为 2018 年的终身成就奖获得者。

宫崎骏是日本动画界最杰出的领军人物，也是最多产的导演，他的作品脍炙人口，画面细腻丰富，内容有深度，吸引了大批青年加入动画行业，他所创办的吉卜力工作室成为日本动画界的标杆。

第二节　宫崎骏代表作研究

一、《风之谷》

1982 年,宫崎骏在“Animage”杂志上开始连载《风之谷》漫画。1984 年，改编自漫画的动画长篇电影《风之谷》上映。影片上映后，宫崎骏继续连载了 10 年漫画才完结。可以说，这部电影同时将身为漫画家和动画导演的宫崎骏结合在了一起。

剧情简介：千年之前，世界文明达到顶峰之时，一场被称为“火之七日”的战争爆发，将整个世界付之一炬。千年以后，整个世界已经面目全非，被以菌类为主的腐海森林覆盖，森林之中处处散发着有毒的气体，生活在腐海森林中的王虫群是这个世界的霸主，而人类生存在为数不多的小面积土地上。其中“风之谷”因为特殊的地理位置，不受有毒孢子的侵害，成为人类的庇护所。影片内容取自漫画的第一卷及第二卷前半本，以载有工业都市培吉特的俘虏拉丝黛儿和“巨神兵”的巨型运输机坠落在风之谷，引发各方的冲突展开剧情。

多鲁美奇亚王国的皇女库夏娜获知巨型运输机坠落的消息，派出部队至风之谷，士兵们闯进风之谷大肆破坏劫掠。为了谷中居民，风之谷的公主娜乌西卡自愿做人质和库夏娜等人出发前往培吉特。途中，培吉特市的王子，拉丝黛儿的哥哥阿斯贝鲁驾驶战斗艇前来复仇，击落了多鲁美奇亚王国的船，自己的飞艇也起火坠落向腐海森林。娜乌西卡从起火的运输船中救出了皇女库夏娜，又只身前往腐海森林救出了阿斯贝鲁，然而依然无法化解双方的仇恨。

复仇心切的培吉特人为了战胜多鲁美奇亚王国和巨神兵，不惜绑架了一只小王虫，激怒王虫群将大批巨型王虫引向风之谷。危急存亡之际，娜乌西卡追上了载着小王虫的飞行船，救下小王虫阻止了灾难的发生。在影片的最后，巨神兵被毁灭，风之谷眼见就要被王虫大军淹没，面对奄奄一息的娜乌西卡，小王虫感受到了风之谷公主那化解仇恨的爱心，从狂暴状态重归平静，并且从口中吐出金色的触须救活了娜乌西卡。

影片一经上映，获得多方赞誉，成为当时的热门电影，引发社会话题，甚至《朝日新闻》的《天声人语》栏目还刊登了关于《风之谷》的社论。这也标志着《风之谷》成为当时的一种社会现象。宫崎骏导演在该片中所树立的坚强、独立的女性形象——风之谷的娜乌西卡，使她成为女权主义的代表，而片中所反映的人类对自然大肆破坏的恶果及以王虫为代表的自然的反噬，无不体现出宫崎骏对地球的关爱以及对环境保护的呼唤。这些蕴含在影片中的思想伴随着影片的热映，迅速将宫崎骏导演推向了热议的中心。

二、《天空之城》

1984 年 12 月 7 日，宫崎骏导演在《风之谷》上映 9 个月后提出了《天空之城》的企划原案，其后赴英格兰与威尔士对矿坑、城堡、博物馆进行创作取材。1985 年 7 月，《天空之城》剧本完稿，1986 年 8 月 2 日在日本上映。

由于《风之谷》的大获成功，德间书店内部迅速决定与宫崎骏导演再度合作筹拍《天空之城》，正是在该片的筹备过程中，宫崎骏、高畑勋和铃木敏夫三人决定单独在东京都武藏野市吉祥寺租下制作场地[1]，成立吉卜力工作室。这

1 ［日］宫崎骏．折返点 1997—2008．黄颖凡译．台北：台湾东贩股份有限公司，2018 年版，第 543 页．

标志着三人改变日本动画界的商业路线，开创高质量动画业态的梦想正式启航。

剧情简介：漆黑的夜空中，一艘飞空艇在云间翱翔，突然从高空中出现一只空盗船，空盗们迅速登上飞空艇，与军人展开激烈的枪战。为了躲避战火，被军人看押着的小姑娘希达爬出飞空艇。她失手跌落天空之时，挂在脖子上的飞行石吊坠突然发出蓝色的光芒，启动神力保护希达缓缓落下。这一幕正好被在矿井工作的学徒巴斯看到，他接住了缓缓飘落的希达，两位少年的冒险就此展开。原来，蓝衣少女希达是传说中“天空之城拉普达（Laputa）”王族的后裔，她所佩戴的飞行石吊坠不仅能指明天空之城的方向，而且有启动天空之城的力量。而巴斯的父亲是一名探险家，他冒着生命危险环游天际，闯进风暴中心拍摄了天空之城一角的照片，但除了巴斯之外没有人相信他，后来巴斯的父亲在郁郁寡欢中去世，巴斯从此立誓要找到天空之城。

空盗和军人都追寻着希达落下的轨迹来到矿坑小镇，在经历了激烈的追逐与逃亡后，希达还是被军人带走了。巴斯为了救回希达，暂时与空盗结盟，乘坐空盗的飞艇救回了希达，但是飞行石却落入了军人的手中。

军队的特务穆斯卡利用飞行石找到了天空之城拉普达的方位，带领军队向拉普达飞去。巴斯、希达和空盗尾随而至，来到巨型风暴云处，巴斯根据父亲的回忆，想到了进入天空之城的方法，两人乘着小艇一头扎进了云层深处，穿越层层雷暴来到了天空之城拉普达。

军队尾随二人也来到了拉普达，此时，特务穆斯卡终于露出了本来的面目，原来他是拉普达王室的另一支后裔，他启动拉普达的目的是想利用拉普达的毁灭性武器统治世界。希达和巴斯趁其不备抢回飞行石，念起毁灭的咒语令拉普达解体，玉石俱焚的同时也粉碎了穆斯卡的野心，天空之城拉普达逐渐瓦解，只有巨大飞行石结晶载着生命之树飞往宇宙深处。希达和巴斯找到被树根缠绕住的小飞艇，逃离了拉普达城，与满载而归的空盗们会合于云端。

《天空之城》上映后的票房收入并不理想，只有5.8亿日元，然而对于宫崎骏导演而言，他更在意的并不是票房，而是影片的质量。对于影片的主题，宫崎骏导演并没有太深层次地考虑——“就是少男遇到少女之后想要脱胎换骨变成男子汉的故事”。然而谈起影片的制作则滔滔不绝，从影片的每一个细节着手，各个部门都铆足了干劲，一度不知是否能按时制作完成，直到影片上映才松了一口气，“先不管这部电影好看不好看，至少我们制作得是相当认真”[1]。这种认真的态度，也成为宫崎骏导演的个人标签。

在笔者看来，《天空之城》无论是从故事架构、场景设计、角色设计、道具设计还是动画绘制，其品质都明显高出同时期的动画作品，这部影片仿佛是宫崎骏导演对手冢治虫的“虫制作”商业王国发起的第一次重拳出击。影片的故事基于宫崎骏导演的原创漫画，融合了英国作家乔纳森·斯威夫特于1726年发表的小说《格列佛游记》中的飞岛国空中城堡拉普达作为舞台，以及美国漫画家温瑟·麦凯[2]的动画《小尼莫》中搭乘飞行船的海盗等要素，创作了一个充满异域风情、浪漫而刺激、老少咸宜的冒险故事。

在场景和道具设计上，宫崎骏导演把他对飞行器的爱好和对天空的向往发挥到了极致，他所设计的飞行器并没有从功能性出发细化到每一个机械系统的连接，没有强调动力的生成以及传动设备的合理性，更多的是从外观上体现出一种自由的合理性，极具浪漫主义色彩。其中，最经典的设计莫过于空盗的蜻蜓式小型飞行器，通过振动翅膀的方式飞行，小巧便捷，非常适合用于复杂环境下的追逐戏表演。而对大型飞空艇的设计更是强调了各式螺旋桨的组合外观，通过螺旋桨的旋转丰富了整个飞行器的动态，从而提升了整体画面的动感。特别是影片中大型飞空艇在云中穿梭追逐的一幕，让人感觉画面中除了飞空艇整体的动态以外，还充满了各式各样的细节动态，有非常丰富的画面效果，堪称一绝。这种对场景动画信息的表现方式也成为后来诸多动画导演学习的范本。

在动画绘制上，宫崎骏导演的要求近乎严苛，不惜成本地加强原动画的绘制，绝不会为了节省成本而舍去重要的绘制帧数，与当时“虫制作”所提出的三帧动画形成鲜明的对比，虽然这样会消耗大量的人力资源，导致影片差点没法按时完成，但从最终的影片效果来看，每一帧的绘制都是值得的，将片中的飞车追逐、飞艇追逐等激烈的场面酣畅淋漓地展现了出来。

1 ［日］宫崎骏．出发点1979—1996．黄颖凡，章泽义译．台北：台湾东贩股份有限公司，2017年版，第458、464页．

2 温瑟·麦凯（Winsor McCay），1871年9月26日至1934年7月26日），是动画电影史上首位大师级人物，他创作的《小尼莫》（Little Nemo）是历史上第一部彩色动画片。

《天空之城》虽然在票房上失利，但是在口碑上却获得全面的胜利，因为是在夏天上映，影片中的隐藏着天空之城的巨型积雨云成为暑假的代表，成为孩子们夏天的美好回忆。影片中的巨型机器人形象更成为吉卜力工作室的一个经典人物形象。如果您参观过坐落于三鹰市的三鹰之森吉卜力美术馆，第一眼便能看到伫立在楼顶的“天空之城”巨型机器人（图 1.1）。

图1.1　三鹰之森吉卜力美术馆的“天空之城”巨型机器人

三、《龙猫》

1988 年 4 月 16 日，《龙猫》在日本上映，高清重制版于 2018 年 12 月 14 日在中国公映。

剧情简介：为了方便照顾在七国山医院养病的妈妈，小学生小月和妹妹小梅跟着爸爸达郎一起搬进了乡下一间年久失修的老房子。乡下茂密的植被、荒废已久且吱嘎作响的老房子以及参天的大樟树，无不预示着这里藏着什么妖怪。继发现了藏匿在阴暗角落里的煤灰怪后，小梅跟随着一蓝一白两只小龙猫钻进了茂密的灌木丛，发现了丛林深处正在午睡的大龙猫。

第二天，爸爸去上班，小月去上学，两人离开后小梅一个人跟着邻居婆婆，她有点害怕，于是婆婆把小梅送到了小月的学校。等到小月放学想要带小梅回家时，天空下起了大雨，小月背着小梅打着伞来到“稻荷前”车站想等爸爸一起回家。然而伴随着末班车下车的人们渐渐走远，始终不见爸爸的身影，两人被留在了无人的车站。乡间小路上四下无人，只有雨水落在树叶上的沙沙声。伴随着几声雨滴打在荷叶上的啪啪声，神奇的一幕出现了，龙猫顶着一片荷叶出现在两人身旁，这个画面也成为无数孩子最温馨的记忆之一。小月看龙猫的荷叶根本挡不了雨水，就把自己的雨伞借给龙猫，龙猫发现雨伞能够挡住雨水，兴奋不已地和两个孩子玩起水来，在乘上龙猫公交离开之前，龙猫送了小月一个用荷叶包着的小包裹作为回礼。

一天，爸爸在外工作，小月和小梅接到了来自七国山医院的电报，误以为妈妈的病情有什么意外，小梅情急之下和小月大吵一架后自己跑去找妈妈。小月怎么也找不到小梅，只好求助于龙猫，善良的龙猫召唤来龙猫公交，载着小月找到小梅并把姐妹二人送到了医院，两人远远看到爸爸已经赶到医院，而妈妈也安然无事，这才放心地搭乘龙猫公交回到家里。

《龙猫》企划书中，最早的规划是制作一部60分钟的中篇动画，计划与高畑勋导演的《萤火虫之墓》一起公映，以此为卖点打开市场。这一策划最终以失败告终，两部影片总共获得5.9亿日元的分账收入，虽然惨淡但不至于亏本。然而这部影片带来的“龙猫”却成为动画史上影响最大的动画形象之一，其无形的价值无法估量。

《龙猫》的企划核心为制作一部幸福而又温暖人心的电影。一部让观众看完之后，可以怀着欢喜、轻快的心情返回家里的电影。《龙猫》想要表达的是“早已遗忘的东西，未曾留意的东西，以为早就失去的东西，可是，我却相信那些东西现在一定还存在”[1]，所以宫崎骏导演想通过《龙猫》表达的东西非常简单，那就是孩子遇见了龙猫，“光是龙猫真实存在这件事，只是存在而已，就可以让小月和小梅获得解救”。这个主题甚至可以浓缩为“稻荷前”车站、小月背着小梅撑着伞、旁边站着顶着荷叶的龙猫这样一幅经典的画面。虽然宫崎骏导演未曾提及，但是他在《龙猫》的创作中已经隐隐形成了自己独特的创作思路，那就是将作品创作与社会发展的热点问题相结合。《龙猫》所结合的社会问题正是日本轰轰烈烈的都市化进程所带来的衍生问题。第二次世界大战结束后，日本开始了城镇化道路，伴随工业化进程，人口迅速向东京、大阪、名古屋这三大都市圈集中。这一时期的社会飞速发展，全国上下都在开展造城运动，近乎野蛮地对原始自然环境进行改造，伴随城市的扩张，钢筋水泥替代了土地与

1 ［日］宫崎骏．出发点1979—1996．黄颖凡，章泽义译．台北：台湾东贩股份有限公司，2017年版，第371页至第372页．

森林，本片正是从精神层面对城镇化的无序发展进行反思，试图通过影片将森林的灵魂留存在银幕之上。

四、《魔女宅急便》

1989年，宫崎骏导演以角野荣子的同名小说为蓝本改编的动画电影《魔女宅急便》公映，这部影片也是首部由吉卜力工作室与华特迪士尼公司合作发行的动画电影。

剧情简介：小魔女琪琪遵循魔女世界的法则，在自己13岁生日这天带着黑猫吉吉一起离开家，骑着扫帚飞往陌生的城市进行为期一年的独立修行。

琪琪选择了一座靠海的大城市作为自己修炼的场所，因为帮助面包店老板索娜送回了客人遗忘的物品，琪琪发现利用自己的飞行能力送快递是一个很好的谋生手段，于是她在索娜的帮助下开始了自己的快递业务。琪琪在工作的过程中渐渐习惯了新的生活环境，同时也交到了新的朋友——梦想着制作出飞机在空中翱翔的少年"蜻蜓"和独居在森林小屋的女画家乌露丝拉。

一天，琪琪因为顶着大雨去送快递而得了感冒，之后琪琪发现自己的魔力正在减弱，甚至无法骑着扫帚飞起来，琪琪非常失落，幸好在好友乌露丝拉的安慰下找回了自信。

电视新闻里播出了"蜻蜓"开飞机试飞撞上飞艇的新闻，琪琪奋力跑到出事现场，向在场的一位大叔借了一把长柄刷子，骑着刷子飞上天空，救下了挂在钟楼上的"蜻蜓"。

《魔女宅急便》首次引入异业的资金，与大和运输公司合作，充分利用各方的优势资源，有效地展开影片宣传，再通过影片中的黑猫形象巧妙地帮企业做宣传，既保持了影片的完整性，又满足了大和运输公司的宣传需求。这种商业模式成功地将《魔女宅急便》的票房收入推上了新的高度，264万观影人次，分账收入21.7亿日元，成为日本1989年票房最高的电影。

《魔女宅急便》改编自儿童文学作品《魔女的宅急便》（角野荣子著，福音馆书店发行），原著所表现的是摆脱对父母的依赖，实现自己经济与精神上独立的少女。然而在宫崎骏看来，动画创作时的日本时代背景与原著创作时的时代背景已经有了极大的变化，“在今日这个时代，所谓的贫困，不再仅止于物质上的匮乏,反倒是用来形容心灵上的贫乏居多”[1]。宫崎骏导演的《魔女宅急便》的出发点就是“制作一部描写青春期女孩的故事，而且这个角色就设定为生活在你我周遭、从乡下到东京来的普通女孩。以她们为代表，描写青春期少女在现代社会中的种种遭遇”[2]。虽然整个故事发生在虚构的国家和魔法世界，但实际描写的却是离开家乡来到大城市打拼的少女。魔女琪琪独自来到大城市，遇到了冷漠的人，找到了工作，租到了房子，交到了新朋友，独自一人淋雨生病，对自己的能力产生怀疑、重新振作精神继续打拼……无一不是现代少男少女的真实写照，很容易引起观众的共鸣。

在影片创作的过程中，宫崎骏导演结合的社会热点问题依然是城镇化过程中所带来的社会问题。随着社会的稳定发展，城市周边的年轻人为了获得更好的发展空间，纷纷迁入大城市。这些来自农村的年轻人所要面临的第一个问题就是如何能在陌生的城市环境中生存下去，宫崎骏导演通过魔女琪琪给出了自己的答案，这个答案也许并不能给这些迁入城市的年轻人以实质性的帮助，却能让他们产生共鸣，在精神上得到慰藉。更重要的是，这种通过影片形成的共情切实地把这些观众吸引进了影院。

五、《红猪》

1992 年，宫崎骏改编自己的漫画作品《飞行艇时代》，推出电影《红猪》。

剧情简介：第一次世界大战时期，意大利空军的王牌飞行员波鲁克·罗梭中了魔法变成猪的模样，他因为讨厌战争而离开军队成为一名赏金猎人，之后便在亚得里亚海空域阻击空贼。在一次阻击战中，罗梭击败了空贼曼马由特队一伙，夺回了被空贼抢走的金币和小学生，空贼曼马由特怀恨在心，邀请包括来自美国的飞行高手唐纳德·卡地士在内的其他空贼一起组成了空贼联盟，向罗梭寻仇。

罗梭因为飞机引擎出现故障而前往米兰维修飞机，途中遭遇卡地士，交战

1 ［日］宫崎骏．出发点 1979—1996. 黄颖凡，章泽义译．台北：台湾东贩股份有限公司，2017 年版，第 384 页．

2 ［日］宫崎骏．出发点 1979—1996. 黄颖凡，章泽义译．台北：台湾东贩股份有限公司，2017 年版，第 488 页．

过程中飞机因为引擎报废而被卡地士击落。罗梭把损毁的飞机送往老朋友保可洛的工厂修理，在那里遇到了保可洛的孙女菲奥。她对飞机设计有着惊人的天赋和能力，帮助罗梭完美地修复了飞机，让罗梭再次翱翔于蓝天。

后来，空贼联盟绑架了菲奥，卡地士对菲奥一见钟情，以婚姻为赌注向罗梭提出决斗。罗梭驾驶着菲奥亲手修好的红色飞机和卡地士展开了一场精彩的决斗，两人从空中打到地上，最终罗梭赢了这场决斗。

《红猪》在日本上映后的票房成绩达到54亿日元，是1992年度日本电影排行第一名，吉卜力工作室最终实现了分账收入28亿日元。

这部影片最早的策划是在日本航空飞机内播放的一部45分钟的动画短片，然而宫崎骏导演在绘制分镜的过程中越画越长，最终将时间线延长到了动画长片的级别。于是，铃木敏夫[1]先生邀请日本电视台和博报堂一起加入组成制作委员会，拍摄成了动画长篇电影。

《红猪》对宫崎骏导演而言，是一部停留在过去某个时间点的电影。“开始制作电影的时候，虽然觉得时代面临转折，但并不十分清楚是什么样的转折。在这之前我拍电影的态度，一直是想要掌握时代、了解时代，只有这一次拍得最不知所云。”[2]《红猪》创作时正值世界迈入20世纪90年代，苏联解体引发世界的忧虑，民族纷争白热化，日本经济泡沫化也近在眼前，时代动荡让人看不到明确的方向。因此，影片所表现的主题最终定格为“身在乱世仍要打起精神坚强活下去，哪怕战友都去了天国，自己也要只身继续飞行下去”。

正如宫崎骏导演所言，他的每一次创作都会与时代的热点问题相结合，唯有拍摄《红猪》的过程比较特殊，日本的城镇化进入了平稳发展的阶段，城镇化所带来的社会问题不再是人们关注的焦点，而《红猪》的故事背景与他所熟悉的生态环境和女权主义问题又无法结合，最终成就了宫崎骏导演唯一一部没有体现社会关怀的影片。但是对一部动画电影而言，并不需要承载太多的思想，站在主角红猪的角度，一个人、一架飞机自由自在地云游于天地之间，随心而

1　铃木敏夫，漫画家。1948年8月19日生，出生于日本爱知县名古屋市，庆应义塾大学（庆应大学）文学部毕业。吉卜力工作室“三驾马车”之一，与宫崎骏、高畑勋一起创立吉卜力工作室，任吉卜力社长。

2　［日］宫崎骏．出发点1979—1996．黄颖凡，章泽义译．台北：台湾东贩股份有限公司，2017年版，第496、497页．

飞，随性而落，时而外出战斗劫富济贫，时而为了红颜与宿敌决生死，就这样演绎一个纯粹的游侠故事，亦令人称道。

六、《幽灵公主》

1997 年，宫崎骏导演经过长时间对时代变化的思考，第一次以“生与死”的哲学命题推出了动画长篇电影《幽灵公主》。

剧情简介：隐居在东北地区山林中的虾夷人村庄突然遭到来自西方被邪恶腐蚀的山猪神的袭击，少年阿席达卡挺身而出，射死了被诅咒的巨大山猪神，但是同时也中了邪神的诅咒。为了化解诅咒，阿席达卡听从巫婆的指示，骑上羚羊亚克力只身前往西方寻找邪恶的源头。

阿席达卡追寻山猪神的足迹一路向西，在一个村庄遇到战乱，混乱中杀死了几个武士，救下了商人疙瘩和尚，并从他口中得知被诅咒的巨大山猪神来自西方那个自世界诞生之日就已经存在的山兽神森林。

阿席达卡来到山兽神森林，救出了两名受到犬神袭击而跌落谷底的炼铁厂村民，同时也见到了为犬神莫娜疗伤的魔法公主珊。阿席达卡背着受伤的村民穿过森林来到炼铁厂所在的达达拉城，受到村民的欢迎。在这里他终于弄明白了邪恶诅咒的来源就是炼铁厂的黑帽大人进攻山兽神森林时射伤的野猪神。

夜里，魔法公主前来刺杀黑帽大人却寡不敌众被打伤，阿席达卡冒着生命危险救出魔法公主并获得她的好感。魔法公主将濒死的阿席达卡带到山兽神森林的深处，请山兽神救活了他。与此同时，野猪神的首领乙事主集结森林中的野猪部队准备向黑帽大人复仇，而商人疙瘩和尚为了获取山兽神的头颅，与黑帽大人兵合一处，率领炼铁厂的部队与野猪决一死战。激烈的战斗中，狡猾的商人装扮成野猪，想要逼迫身受重伤的乙事主变成邪神，阿席达卡担心与乙事主一起行动的魔法公主，也跟随白狼一起赶来，从邪魔化的乙事主身上救下了魔法公主。

此时，山兽神出现，吸走了乙事主仅存的生命，埋伏在一旁的黑帽大人用火枪打断了山兽神的脖子，疙瘩和尚趁机偷走了山兽神的头颅。失去了头颅的山兽神化身为邪恶的巨灵想要吸走森林中的一切生命，幸好阿席达卡和魔法公主及时从疙瘩和尚手中抢回头颅还给了山兽神。收回头颅的山兽神轰然倒地，把生命还给了森林，阿席达卡也终于解除了自己的诅咒，而魔法公主始终无法原谅人类对森林的破坏，选择回到森林和白狼生活在一起。

《幽灵公主》在日本的票房高达 193 亿日元，共有 1420 万人次观看，一举成为日本史上票房最高的电影，打通了吉卜力工作室建立动画王国的道路。

《风之谷》《龙猫》《天空之城》等影片的热映，给吉卜力工作室打上了“关怀绿色、关怀自然”的标签。对宫崎骏导演而言，这些标签都是“奇怪的观念”，拍摄《幽灵公主》的一个主要目的就是打破这些奇怪的观念。宫崎骏导演面对这个变化得越来越复杂的时代，思考良多，他提出人与自然的关系不能单纯地宣扬光鲜的一面，不能浮于表面，光是“我们要更加珍惜自然！不可以乱砍树木！”这样的口号是不够的，《幽灵公主》这部电影点出了必须直面问题，下定决心解决问题。但是这样一个关乎生死的哲学命题用在一部动画长篇电影上是否合适？动画电影的娱乐性是否会受到影响？观众是否会接受这样的动画电影？这些问题成为宫崎骏导演最大的挑战。

影片的热映证明宫崎骏成功地完成了这次挑战，把纷繁复杂的时代背景下人类社会与自然环境的关系以及问题通过影片传达给了观众。邪魔山猪神身体中涌出的如同水蛭一般的东西象征着人们内心压抑的负面情绪从每个毛孔中爆发出来；疙瘩和尚代表着在企业中工作的职场人士，身在职场尽忠职守，就算明知自己的所作所为令人不快却明知故犯；黑帽大人和山猪神乙事主代表着人与自然的关系中不可调和的矛盾；阿席达卡和魔法公主代表着人与自然互相纠葛的复杂关系；山兽神代表的是亘古存在的永恒，既不代表善也不代表恶；山兽神倒下后呈现的绿色世界代表的是日本人心灵的故乡。[1]影片结尾处，魔法公主对阿席达卡说“我喜欢你，但是我无法原谅人类”，阿席达卡说“这样也好，珊在森林里生活，我在达达拉城生活，大家一起活下去”，阐明了导演的观点——人与自然的矛盾是不可调和的，但人与自然是可以找到方法和谐共存的。

七、《千与千寻》

《千与千寻》于 2001 年 7 月 20 日在日本上映，于 2019 年 6 月 21 日在中

1　[日] 宫崎骏．折返点 1997—2008．黄颖凡译，台北：台湾东贩股份有限公司，2018 年版，第 28-41 页．

国正式上映。

剧情简介：十岁女孩荻野千寻被迫转学跟爸爸妈妈一起从城市搬家到乡下，爸爸想要抄近路开车到新家而拐进了一段山林古道，路的尽头是一座荒废的古建筑——汤屋。爸爸妈妈不顾胆小的千寻反对，拉着千寻一起走进汤屋，当三人从汤屋的另一边走出来时，发现来到了一个旷野，四处都是荒废的建筑。爸爸妈妈说这是“泡沫经济”时代荒废的乐园，兴致勃勃地参观起来，甚至在商店街大吃大喝，只有千寻觉得这个世界不对劲。夜幕降临，海上一艘灯火满堂的游船即将靠岸，商店街开始出现嘈杂的身影，此时千寻发现随着这些模糊的身影越来越清晰，自己的身体反而变透明了，惊慌之际跑回商店街寻找爸爸妈妈，却发现他们已经变成了两头猪。

一名白衣男孩突然出现，救出了千寻，并指点她跑到油屋的底层去向锅炉爷爷求助，只要能从锅炉爷爷处得到工作，就可以在这个世界生存下去。可是锅炉爷爷却说只有从汤婆婆那里才能得到工作的契约，还拜托服务生小玲带千寻去找汤婆婆。千寻面对汤婆婆，坚定地说出“我要工作”，几经周折得到了工作，但同时也失去了自己的名字，成为油屋的服务员小千。

汤婆婆为了让小千知难而退，安排她和小玲去清洗最脏的大浴室。此时人人避之不及的腐败神前来油屋泡澡，汤婆婆让小千和小玲负责帮腐败神放水泡澡，小千顶着恶臭帮腐败神放水，无意间发现了插在腐败神身上的自行车把手。汤婆婆组织油屋的服务员一起拔出了淤积于腐败神体内的垃圾，原来腐败神的真实面貌是一位非常有名的河神，作为感谢，河神送给小千一粒丸子。

小千发现一条白龙被一群纸片人追赶着，跌跌撞撞地飞进汤婆婆的房间，追过去才发现奄奄一息的白龙就是救了自己的白衣男孩，他为了学习魔法成为汤婆婆的手下，为了帮汤婆婆偷取钱婆婆的印章而受了重伤。小千把河神送给自己的丸子分了一半喂给白龙才解除了白龙受到的诅咒。与此同时，被小千无意间放进油屋的妖怪无脸男利用变化出的金砂骗了油屋的一干服务员，一顿大吃大喝之后还不满足，甚至吞下青蛙等服务员，大闹油屋。小千知道无脸男本性不坏，只是太寂寞了，使用了错误的手段来博得众人的注意。于是，小千把另外半粒丸子喂给无脸男，使无脸男恢复了原样。

为了弥补白龙犯下的错误，小千带着无脸男等人乘坐海上火车前往沼底站将印章还给钱婆婆。获得钱婆婆的原谅后，小白龙前来接小千回油屋，骑在白龙身上飞行时，小千想起了自己小时候曾经掉到河里被白龙救起的往事，也想起了那条河的名字——琥珀川。原来，由于城市建设，琥珀川被掩埋，导致河神白龙无家可归，落魄之际来到油屋并被汤婆婆夺去了名字，白龙终于想起了自己的名字，挣脱了汤婆婆的控制，带千寻飞回油屋。最终，汤婆婆信守承诺，把爸爸妈妈还给了千寻，一家人重新回到了人类世界。

《千与千寻》在日本上映，获得约 2300 万人次的观众和 300 亿日元的票房，创下日本电影的奇迹，至今仍保持着日本第一的票房纪录。

这部电影可以说是宫崎骏导演送给全世界十岁女孩的礼物，他在杀青记者会上说："这部电影是在描写十岁女孩的真实状态、心灵的真实状态，我所想要完成的电影，并非告诉孩子'因为是电影，所以到最后一切都可以顺利圆满'，我更想说的是'如果是你，一样做得到哦！'"[1]

当然，这样的话说起来简单，可是蕴藏在主题背后的思考一点儿都不简单。宫崎骏导演是在对极具时代特征的这一代十岁孩子进行了仔细的观察与研究后才确定的主题。2000 年的日本，物质资源丰富，社会上充斥着各种诱惑与欲望，孩子被大人层层包围、过度保护。他们满足于物质上的富足，失去了原有的童真，也渐渐忘了自己本来是能够独立完成很多事情的。所以对宫崎骏导演而言，《千与千寻》并不是讲述成长的故事，而是找回自己的故事，他希望十岁的女孩看完电影能够说出："千寻能做到的事，我也能做到！"

然而，20 年后的今天再回看这部电影，却发现《千与千寻》变成了一部关于成长的电影，但是这个"成长"并不是发生在影片中的千寻身上，而是发生在当年观看这部电影的所有十岁女孩身上。当年的女孩早已成年，当她们再次走进电影院时，发现这次她们完完全全地看懂了宫崎骏导演所描绘的那个浓缩在油屋中的叫作"大人"的世界。在这个世界里，不工作就无法生存，为了工作而签署的契约就如同卖身契一般，交出了自己的人身自由换来工作的机会，没有工作的人都会变成食物链最底端的存在，在日复一日的工作中逐渐忘记了

1 ［日］宫崎骏．折返点 1997—2008．黄颖凡译．台北：台湾东贩股份有限公司，2018 年版，第 241 页．

本来的自己（名字），直到有一天一个叫作千寻的十岁女孩闯了进来，她向你诉说："嘿，还记得十岁的自己吗？"

八、《哈尔的移动城堡》

2004年11月20日，《哈尔的移动城堡》在日本上映，该片改编自英国的儿童小说家黛安娜·W·琼斯（Diana Wynne Jones）的《魔法师哈威尔与火之恶魔》。

剧情简介：年轻女孩苏菲坚守着父亲生前最爱的制帽小店，和继母及妹妹生活在一起。有一天，魔法师哈尔的移动城堡来到小镇的附近，镇上的女孩都在传说哈尔会吃掉漂亮女孩的心脏。苏菲在街上被士兵骚扰，魔法师哈尔突然出现，使用魔法为苏菲解围，还带着苏菲在空中行走，躲开了前来袭击苏菲的魔法傀儡。

夜里，苏菲回到小店，却遭到荒野女巫的诅咒，变成了白发苍苍的老太太。苏菲不知所措，偷偷跑到小镇外，在半山处救下了同样受到诅咒的稻草人，在稻草人的指引下躲进了哈尔的移动城堡。

苏菲以清洁女工的身份在城堡住了下来，在与魔法师哈尔、哈尔的徒弟马鲁克、城堡的动力核心火恶魔卡西法相处的过程中，苏菲渐渐了解了哈尔的秘密，原来少年哈尔与火恶魔卡西法签订了契约，使用自己的心脏来交换卡西法的魔力。

哈尔所在的国家正与邻国交战，国王征召国内所有的魔法师为国参战，但是哈尔憎恨战争，又不能拒绝国王，于是拜托苏菲假扮成自己的妈妈前去王宫说服国王，因为她的"儿子""太懦弱，不敢战斗"。苏菲在王宫前遇到了受国王征召而来的荒野女巫，两人见到了哈尔的师傅莎莉曼夫人，却发现这是莎莉曼设下的陷阱，她收回了荒野女巫的魔法，让荒野女巫变回了老太婆的本来面目。哈尔及时赶到，救出了苏菲和荒野女巫，众人回到移动城堡，借助卡西法的魔力把城堡改造成了一个新的大家。

哈尔和苏菲渐渐地爱上了对方，但是此时国王的军队找了过来，为了保护苏菲，哈尔变身为巨鸟加入战团。与此同时，莎莉曼利用苏菲的妈妈再次设下陷阱，大大削弱了卡西法的魔力，荒野女巫趁机夺走了哈尔的心脏，使哈尔和移动城堡都面临毁灭的危机。后来，苏菲挺身而出，解救了奄奄一息的哈尔，并且破除了卡西法和哈尔的契约，把心脏还给了哈尔。苏菲又破除了稻草人身上的诅咒，原来他是邻国的王子，诅咒破除后回到本国终止了战争。重获自由的卡西法也选择重建移动城堡，和这个奇奇怪怪的大家庭生活在一起。

《哈尔的移动城堡》在日本上映后的第二天突破 110 万人观看，在 2004 年度票房收入近 200 亿（196 亿）日元。

这部影片最早的导演并不是宫崎骏，而是从东映动画借调来的新人导演细田守，他来到吉卜力工作室绘制完成了近三分之二的分镜，但终因东映动画与吉卜力动画的制作体系差异而不得不终止工作，交由宫崎骏导演重新绘制分镜。

《哈尔的移动城堡》是融入了宫崎骏导演婚恋观的一部电影，铃木敏夫在评价这部电影时谈道：“我非常喜欢这一幕——荒野女巫变回她本来老太婆的样貌，于是需要人照顾，而不得不照顾她的是苏菲。苏菲也变成了老婆婆，但她其实很年轻。那一幕的对话很有意思。苏菲在照顾荒野女巫时，荒野女巫说：‘你老是在叹气。谈恋爱了吗？’苏菲于是反唇相讥，‘老奶奶有谈过恋爱吗？’结果，荒野女巫说：‘当然有。现在也在谈啊。’这段很有趣。只要思考这一幕便能看懂那部电影。总之，荒野女巫为什么要把苏菲变成老婆婆？哈尔与荒野女巫过去是什么样的关系？荒野女巫喜欢哈尔，或者说想要哈尔的心脏（火恶魔卡西法）。电影开头哈尔去找苏菲，看见那一幕的荒野女巫气疯了，于是把苏菲变成了老太婆。这样思考下来会发现这部电影拍得非常好。就是说，这是一部可以非常清楚了解宫兄是如何看待人生的作品，是研究宫崎骏的人绝对不可以错过的作品。”[1]

如果说《哈尔的移动城堡》能够映射出宫崎骏导演对待家庭、对待爱情的观点的话，那么仔细看一看苏菲到来后城堡里的大家庭就会觉得非常有趣——完全不管家务的哈尔（爸爸）和马鲁克（儿子）；苏菲（妈妈）一人像保姆一般做了所有的家务，同时还要照顾家里的老人荒野女巫；任性的哈尔整天在外忙碌，总是筋疲力尽地回到家中，一头钻进自己的屋子，他特别在意自己的独

1 ［日］铃木敏夫. 顺风而起. 钟嘉惠译. 台北：台湾东贩股份有限公司，2014 年版，第 192 页.

立空间，特别是门后那片开满鲜花的旷野；在这个家的外面还有一个邻国王子变成的稻草人爱着苏菲。这一切无不表明，在宫崎骏导演的眼中，家庭的地位明显低于工作，而家庭并不是一个稳定的格局，或许家对于男主人来说，更像是一个避风的港湾。

九、《悬崖上的金鱼姬》

2008年7月19日，隐含着2D动画继承宣言的纯手绘动画电影《悬崖上的金鱼姬》在日本上映。

剧情简介：五岁的小男孩宗介和妈妈理莎、爸爸耕一一起住在靠海的山崖上，爸爸长年在外跑船，很少住在家里。

一天，魔法师藤本驾驶着他的潜水艇在海底收集生命之水，潜水艇中的一条红色小金鱼趁机溜了出来，小金鱼在近海被困在一个玻璃瓶中漂流到小岛的沙滩上，幸好被小男孩宗介救了，他用一个绿色的塑料水桶把小金鱼养了起来，并且给她取名波妞。

藤本为了找回波妞，一路从宗介家追踪到理莎工作的养老院，终于找到机会从宗介手中夺走了波妞，但是他不知道宗介在砸破玻璃瓶救出波妞时划破了手，波妞为帮宗介疗伤，舔了伤口而喝到了人类的血，波妞有了变化成人形的能力，她想要回到宗介身边，再一次逃出潜水艇，在逃走的时候无意间释放出了藤本储存的生命之水，导致海洋生命大爆发，海水急剧上涨。

变成人形的波妞乘着海浪来到宗介身边，无意间却造成了小岛上的大海啸，眼见海水上涨，理莎担心困在老人院里的那几位老太太，驾车赶了过去。第二天，宗介和波妞发现海水已经涨到了家门口，两人担心理莎的安危，乘着波妞用魔法变大的玩具船向老人院驶去。与此同时，藤本和波妞的母亲曼玛莲也决定让宗介和波妞接受考验，只要宗介不抛弃变回金鱼的波妞，就使用古老的魔法把波妞变成五岁小女孩。最终，宗介经受住了考验，波妞永远地变成了人类。

《悬崖上的金鱼姬》创下了155亿日元的票房收入，不过与之相比，更具影响力的是在全美公开放映期间神奇地挤进了票房成绩前十。[1]

2005年，《哈尔的移动城堡》上映之后，宫崎骏导演提出接下来要做小孩

1 [日]铃木敏夫. 顺风而起. 钟嘉惠译. 台北: 台湾东贩股份有限公司, 2014年版, 第249页.

的电影，于是启动了中川李枝子的《不不园》[1]电影化的策划，后来因为友人的邀请，宫崎骏导演在濑户内海一个海边的悬崖上住了两个月，因此获得灵感启动了《悬崖上的金鱼姬》策划。

《悬崖上的金鱼姬》最了不起的地方在于这部长达1小时40分钟的电影是使用传统手绘的方式进行制作的，吉卜力工作室总共绘制了11万张以上的画面。更令人钦佩的是，影片中所有的海浪都是宫崎骏导演亲笔绘制。在谈到这部影片时，铃木敏夫对时年六十七岁的宫崎骏导演敬佩有加："他宝刀未老，不知道该高兴还是难过。本人虽说已江河日下，但那是骗人的，因为他还自己画动作。"[2]2000年开始，利用计算机图形技术的CG（Computer Graphics，CG）动画逐渐成为主流，很多动画公司舍弃了费时又费力的传统手绘方式，宫崎骏导演却始终觉得CG技术在表现动作方面不尽如人意，还是手绘的画面才能表现出动画的灵魂，因此《悬崖上的金鱼姬》对宫崎骏导演而言，还肩负着"2D动画继承宣言"的使命。仔细观看影片中海浪的动画表现，可以看出宫崎骏导演所绘制的关键帧仿佛赋予了海浪以生命，与当时流行的三维CG制作的海浪相比，虽然在真实性的视觉效果上有所不足，但是在动画表现上却有着无与伦比的优势。

十、《起风了》

2013年7月20日，《起风了》在日本上映，影片描写了日本战斗机设计师堀越二郎的一生，同时融合了堀辰雄[3]同名小说中的爱情故事。

剧情简介：影片是围绕日本零式战斗机的开发者堀越二郎的人生轨迹展开的。

13岁——少年堀越二郎梦想着有一天能驾着飞机在天空自由飞翔，他在梦中与自己崇拜的意大利飞机设计师卡普罗尼相遇。卡普罗尼向二郎展示了自己将在战后设计载人飞机的想法，还鼓励近视的二郎以飞机设计师为努力的目标。

1　《不不园》，福音馆书店出版，是中川李枝子的代表作，曾荣获日本"厚生大臣奖""日本广播公司儿童文学奖励奖"和"野间儿童文艺奖推荐奖"，并被日本"全国学校图书馆协议会"列为"必读图书"。

2　[日]铃木敏夫．顺风而起．钟嘉惠译．台北：台湾东贩股份有限公司，2014年版，第245页．

3　堀辰雄（1904年12月28日至1953年5月28日）是一位在昭和初期活跃的日本作家，出生于日本东京都。

20 岁——堀越二郎乘火车返回东京的航空学校，此时关东大地震爆发，整个东京瞬间被灾难侵袭，房屋尽数倒塌，城市淹没在火海之中，到处都是逃难的人。二郎帮助在火车上遇到的菜穗子和受伤的阿娟返回东京的家中，后来赶到学校帮忙抢救图书资料。

22 岁——震后两年，东京正按照原来的样子慢慢重建，二郎专心在东京帝国大学工学部航空学科学习制造飞机的技术。

24 岁——二郎从学校毕业来到名古屋的三菱内燃机株式会社从事飞机的设计工作，他作为天才设计师被设计部委以重任，成为隼小组的一员。

25 岁——为日本陆军研制的隼一号小型飞机在试飞过程中解体坠落，隼计划被迫中止，然而实验数据却帮助二郎打开了设计思路，开辟出一条永无止境的探索之路。

26 岁——三菱公司中止了设计小型飞机的隼计划，转为购买德国荣克斯 G38 商用运输机改造成轰炸机。二郎等人因此获得资助前往德国参观，途中考察团接到国内的电报，大部分人紧急回国，留下二郎独自在西方游历。梦中，二郎与卡普罗尼再度相遇，卡普罗尼将轰炸机改造成为孩子带来欢乐的商用载人飞机的彩色梦想与三菱重工要把商用运输机改装成轰炸机的冰冷现实形成了鲜明的对比。

29 岁——二郎被三菱重工委以重任，作为设计主任研发海军舰载战斗机。二郎接受了这个艰巨的任务，但是以失败告终。

30 岁——二郎独自前往轻井泽的旅馆度假疗养，在那里与得了肺结核而前来疗养的菜穗子再次相遇，坠入爱河。

31 岁——二郎回到公司，全力展开新飞机的研制，病重的菜穗子瞒着家里人，跑到名古屋与二郎相会，两人在二郎的上司黑川家完成了简单的结婚仪式。不久，零式战机研发成功，菜穗子因病去世。

42 岁——卡普罗尼曾在梦中告诉二郎，设计师灵感爆发的黄金时间只有 10 年，如今二郎再次在梦中与卡普罗尼相遇，此时的梦境已经变成了飞机的坟场，战败之后二郎设计的零式战机全部毁灭。梦境中，菜穗子缓缓向二郎走来，一阵风吹落了菜穗子手中的白伞，一切仿佛回到两人相遇的那一天。

《起风了》于2013年年底在日本地区收获120亿日元的票房，成为2013年度日本最卖座的影片，影片公映之时宫崎骏导演再次宣布不再拍摄动画电影长片。

“Le vent se l è ve, il faut tenter de vivre.”（起风了，唯有努力生存。）在《起风了》影片中，宫崎骏导演采用法国诗人保罗·瓦勒里的《海滨墓园》（Le-cimeti è re marin）中的诗句作为主题来串联堀越二郎传奇的一生，这里面“起风了”指的是时代的洪流，而“唯有努力生存”是宫崎骏导演总结出的人生态度。

为了能够真实地表现出关东大地震后的东京，宫崎骏导演亲赴2011年东日本大地震的灾区考察，面对近乎毁灭的灾区景象，他尝试着体会乱世中人们的心情。堀越二郎活跃的历史舞台正值日本近代历史上最动荡的时期，首先是经济的动荡，从1912年明治天皇去世到1945年“二战”结束，日本国内在政治上经历着动荡与紊乱，在经济上则被卷入世界经济大萧条的旋涡，经济萧条、银行挤兑。其次是自然灾害造成的动荡，1923年9月1日，关东大地震对东京、横滨这两座大城市造成毁灭性的破坏，这次自然灾害所造成的损失是日本“二战”前最严重的一次，造成众多民众恐慌和混乱。而最大的动荡因素则来自战争的创伤，由于军备的需要，把社会的经济力量都集中到了飞机等武器的研发上，导致民间一片贫穷，再加上征兵的需要，每个家庭的年轻男性都时刻准备着赴死，这对普通的日本家庭造成了极大的压力。生活在这个时代的每一个人都好似惊涛骇浪中的小船一般，生命更加脆弱也更加珍贵。在这样的时代背景下，每个个体都在为了生存而努力。

在创作过程中，宫崎骏写下：“在时代的洪流中，梦想会被压弯，苦恼无济于事，生存却需继续，这样的宿命也是我们每一个人的宿命。”[1]因此，《起风了》讲述的虽然是历史人物堀越二郎的一生，但宫崎骏导演却想通过影片折射出时代洪流中努力拼搏着的每一个人的身影。“面对时代的洪流，唯有为了生存努力拼搏下去一条路可以走！”这便是宫崎骏导演在自己的动画电影长片隐退之作中想要传递给观众的想法。

1　NHK纪录片：宫崎骏退隐之作《起风了》-1000日的创作记录。

第三节　宫崎骏的艺术风格研究

一、追求完美的分镜稿

宫崎骏既是动画导演，又是漫画家，常年的工作积累成就了他扎实的绘画功底，他的分镜稿堪称完美，用《千与千寻》的分镜稿与成片做对比可以发现，在设计图（Layout）阶段所作出的二次调整是非常少的，他对每一个镜头都深思熟虑，考虑所有的细节，对整个制作流程的把控了然于胸，分镜绘制完毕，整部影片已经在导演心中分毫不差地呈现出来。

宫崎骏导演对于分镜的绘制是一丝不苟的，在“NHK 纪录片宫崎骏退隐之作《起风了》–1000 日的创作记录”中有一幕拍摄他绘制一个女主角菜穗子的动作分镜，他为了呈现菜穗子的表情而一遍遍地尝试，直到画出满意的表情才发现足足用了一天的时间，画废的稿纸已经扔了一箩筐。正是因为有这样对自己作品近乎苛求的执着，才能画出完美的分镜，也正是因为有这样细致入微、近乎完美的分镜，才能保证各个部门绘制出的画稿完美重现导演的设计思路。

德间书店数年间已经出版了吉卜力工作室的 21 部分镜全集，以《千与千寻》为例，可以清晰地看到宫崎骏导演的创作特点。

（1）细致的镜头调度

宫崎骏导演对传统二维动画的执着和对三维 CG 技术的抵触在业界是出了名的，他在二维动画制作上的经验放到全世界亦是数一数二的，因此他脑中所构思的镜头衔接与调度都可以完美实现。无论是简单的推、拉、摇、移，抑或是与角色动画相配合进行的特技转场，都会精确地绘制在分镜稿上。

在宫崎骏导演的分镜稿中，可以清晰地看到他对摄制部门的指示，比如“背景切换到 0.5 毫米 / 格”“镜头 2 秒移动到这里”，还有包括灯光方向、摄影尺寸等细节的技术性指标，这些绘制在分镜上的指示十分缜密，都是他进入东映动画所积累的经验。这些信息清晰地显示在公开出版的分镜集上，虽说可供人学习，却也可以算作学习不来的独家技术。

同时，他也是最懂得分镜稿是如何对整个制作团队起作用的人，对自己所用到的术语和镜头调度方式，会绘制一个专门的解释文稿，保证制作团队能够准确理解分镜稿的表述。

（2）平衡而稳健的构图

宫崎骏导演对镜头构图的考虑，多是画面中图形的平衡状态——权衡了前后镜头衔接得出的一种动态的平衡，表现在画面上就是一种流畅而稳定的效果。

为了能够达到这种动态的平衡，宫崎骏导演会对场景中所有的舞台道具、车辆载具以及机械等具有动态属性的装置进行细致的表述。以《千与千寻》中千寻前往油屋底层探访锅炉爷爷一幕为例，除了镜位、构图、前景、背景、角色等基本信息外，甚至配合锅炉爷爷的动作，对锅炉上被触动的开关、按钮，以及相应发生反应的管道、蒸汽等都进行了细节的绘制，不仅展现出了锅炉上细致到螺丝的细节构造，而且锅炉闸门处的运动形态也做了细致的表现，这样就可以保证绘制人物动画的部门和绘制场景的部门可以完美地协同工作。

对一名动画公司的员工来说，分镜已经完美地把导演的所有想法都表现了出来，对这样的分镜展开自己的工作实在是非常幸福的一件事，可以把更多的精力投入动作细节之中大大减少因为对分镜理解不到位而返工修改的时间。

二、富有深意的角色和场景设计

宫崎骏设计的角色造型中，女主角是最具特征的。《风之谷》中的娜乌西卡、《天空之城》中的希达、《龙猫》中的小月和小梅、《魔女宅急便》中的琪琪、《幽灵公主》中的珊、《千与千寻》中的千寻、《哈尔的移动城堡》中的苏菲、《悬崖上的金鱼姬》中的波妞、《起风了》中的菜穗子。这些女性无不是独立、坚强的形象，就算是年龄最小的小梅和波妞，也是拥有独立思想的小女孩。

宫崎骏导演对这些女性形象的设计都是十分具有亲和力的，无论是衣着还是配饰都朴实无华，眼神中透露着坚毅果敢。面容和身材并没有做夸张和突出，就像身边的一个普通女孩子一样，内敛而真实。

宫崎骏导演的场景设计更是具有丰富的内涵，在铃木敏夫口中，宫崎骏的灵感往往来源于他所见过的“土地”（景象）。根据英国采风所见的矿坑设计了《天

空之城》中的采矿小镇，瑞典斯德哥尔摩的旅行见闻造就了《魔女宅急便》中的海边小镇，根据鹿儿岛屋久岛的远古丛林设计了《幽灵公主》中的古兽神森林，濑户内海边的悬崖旅馆的休养生活启发了《悬崖上的金鱼姬》的场景设计。

然而，真正仔细观看宫崎骏的场景设计，会发现他设计的内涵远远超过外在的表现，从《千与千寻》的油屋设计稿可以看到，上半部的建筑是日本与西方结合的形态，这里是招待客人的地方，预示着这里的客人十分尊贵。这部分参考了鹿鸣馆[1]的有关设计，不仅是外形上简单地融合了西方建筑的外观元素，而且从鹿鸣馆对日本人的精神寓意出发，彰显了油屋的社会地位。油屋的下半部分是旅店员工住的地方，这里的房间是参考日本纺织工厂的宿舍设计的，无论是破旧的木板材料还是房间的格局，都体现出员工在油屋的社会地位是比较低的。而在最底层住着的是工作最辛苦的锅炉爷爷和一群煤灰妖怪，这里是油屋的最底层，也是心地最好的一个层面，千寻不仅在这里得到了锅炉爷爷和小玲最初的帮助，而且在这里得到了锅炉爷爷珍藏的电车票，因此才能搭电车去找钱婆婆完成自己的救赎。与之相对应，住在油屋顶层的汤婆婆的房间里全是西式的家具，与鹿鸣馆的寓意暗合，展现出日本上流社会对西方文化的追捧。

这样的设计不仅出现在《千与千寻》一部影片中，在《天空之城》中体现得更加直观，宫崎骏导演设计的天空之城拉普达有明显的四个层级，每个层级的居民属于不同的社会阶层，而在地面上还有采矿小镇这样更底层的地方。从设计稿就可以分析出《天空之城》中隐含着宫崎骏导演真正想表现的故事——矿工学徒巴斯爱上从天而降的公主希达，他努力从男孩（矿工学徒）成长为男子汉（探险家），保护希达的故事。

这种在场景中融入思想内涵的设计方式造就了宫崎骏导演独特的风格，使他的作品独具魅力。

三、标志性的飞车追逐戏

1979 年 12 月 15 日首映的《鲁邦三世：卡里奥斯特罗之城》是宫崎骏首

1　鹿鸣馆建成于 1883 年（明治十六年），是由英国建筑师乔赛亚·康德设计建造的一座砖式二层洋楼，整体建筑呈意大利文艺复兴式风格，兼有英国韵味。是日本明治维新后在东京建的一所类似于沙龙的会馆，是供改革西化后的达官贵人们聚会的地方。

次执导的剧场版动画长片[1]，这部影片一经上映就获得了各方的好评，其中片头的汽车追逐戏更被好莱坞大导演斯皮尔伯格[2]誉为“电影史上最完美的汽车追逐战”。劲爆的追逐战设计也成为宫崎骏的标志之一。除了《鲁邦三世：卡里奥斯特罗之城》之外，宫崎骏导演在《天空之城》中也设计了一出紧张刺激的飞车追逐，甚至在《千与千寻》的影片开头也为千寻的爸爸设计了一出惊险的车技秀。通过对以上飞车追逐戏的分析，可以看到以下三个特点。

（1）迎合观众的喜好

在谈到《鲁邦三世：卡里奥斯特罗之城》这场飞车追逐戏的设计初衷时，宫崎骏导演表示，正因为当时日本的孩子都迷恋四驱车的玩具，所以就以四驱车为原型设计了一场有趣的汽车追逐战。这一时期的宫崎骏导演还没有形成成熟的创作风格，没有主动思考并结合时代潮流展开创作，但是却能敏锐地抓住观众的喜好，这一特质也为他未来的成功埋下了伏笔。

（2）富有想象的赛道设计

正因为宫崎骏导演设计飞车追逐戏的原型是玩具四驱车，所以一下子就把飞车追逐的赛道设计思路打开了。从《鲁邦三世：卡里奥斯特罗之城》中可以看出，这场著名的飞车追逐戏并不是循规蹈矩地在公路上展开，鲁邦三世和地方特工的车辆经常会脱离公路，穿越丛林，开上山坡，甚至违反重力规律直接把悬崖峭壁变成追逐的赛道，这样的变化一下就让整个飞车追逐的场面丰富起来。在《天空之城》中，少年巴斯和希达为了逃脱空盗的追逐而爬上火车，这一幕宫崎骏导演直接把空盗的汽车开上了火车轨道，在这样的赛道上飞驰，可谓险象环生，惊险刺激之余又不得不感叹导演的想象力如此丰富。

（3）精力充沛的追逐角色

要让一场飞车追逐表现得精彩，主要还得靠追逐的双方在相互较量中展开。从这一点来看，无论是《鲁邦三世：卡里奥斯特罗之城》中的鲁邦三世与特工们，还是《天空之城》中的少年和空盗们，都有一个共同特点：精力充沛、锲

1　[日]宫崎骏．折返点 1997—2008．黄颖凡译．台北：台湾东贩股份有限公司，2018 年版，第 542 页．

2　史蒂文·斯皮尔伯格（Steven Allan Spielberg），1946 年 12 月 18 日出生于美国俄亥俄州辛辛那提市，是好莱坞传奇导演，他所执导的《大白鲨》《夺宝奇兵》《外星人 E.T.》《侏罗纪公园》等系列电影家喻户晓。

而不舍。飞车追逐的双方在较量的过程中都会使用一些显而易见的方式攻击对方，比如使用手榴弹、火箭筒等攻击性武器，抑或使用场景中可以利用的大石块、原木等钝器。遭受攻击的一方会受到影响偏离赛道，然后又从意想不到的路线穿插回主赛道，这样就会形成非常热闹、充满童趣的斗智斗勇场面。宫崎骏导演将反派角色设计得精力充沛还有一个用处，就是让他们用身体接下主角扔过来的各种道具，形成一种拙笨的滑稽效果。再配合儿童动画的特征，角色受到伤害后会变得鼻青脸肿但不流血，这会让观众排除对伤害的恐惧而愉快地享受一场别开生面、精彩刺激的飞车追逐战。

第四节　宫崎骏影片中的人文关怀

在谈到什么是“动画”这个最基本的问题时，宫崎骏导演曾经有过这样的表述：“我们工作室也接触过不少想从事动画工作的年轻人，当问到他们想画些什么东西时，得到的回答是‘想画爆炸场面’，如果再问他们‘画出来之后呢？’结果，他们之后便没有任何想画的东西了。所谓的作品，不光要有爆炸的场景，并且除了爆炸场景之外，还有很多非画不可的东西。但是，我认为最重要的，还是人要如何生存的问题，或者是如何看待人和万物之间的关系等这一类对人的关怀。”[1]

很难想象，以能创作出激烈刺激的飞车追逐场面而著称的宫崎骏导演，在谈到动画创作时竟然把“火爆场面”放到了次要位置，在他心目中最重要的则是要表现出人文关怀。由此联想到宫崎骏导演在创作时经常提到的“时代洪流”，不禁想要深入挖掘一下二者之间的关系——从动画的角度出发研究社会发展过程中所产生的社会问题与面对问题、解决问题的儿童们之间的关系。

一、儿童与自然

在宫崎骏导演的诸多标签中，最显著的就是他对保护自然环境的关注以及反对战争的主张，这些观点都是通过吉卜力工作室发行的动画影片一点一滴表

1　[日]宫崎骏．出发点1979—1996．黄颖凡，章泽义译．台北：台湾东贩股份有限公司，2017年版，第433页．

现出来的。

（一）对未来的忧虑

1984 年，宫崎骏导演的动画片《风之谷》上映，向儿童展示了一个人类文明高度发展后被战争摧毁的世界，这里被菌类为主的腐海森林覆盖，处处散发着有毒的气体，生活在腐海森林中的王虫群是这个世界的霸主，而人类生存在为数不多的小面积土地上，其中“风之谷”不受有毒孢子的侵害，成为人类的庇护所，同时也成为各方争斗的中间地带。风之谷的公主娜乌西卡以一个坚毅、独立的女孩形象，代表着这个世界的儿童面对被战争摧毁后的世界，她所面对的不仅有人与王虫之间的矛盾，而且有人类之中不同国家之间的矛盾。最终，坚强的娜乌西卡挺起胸膛努力化解了各方的仇恨，甚至跨越种族的界限，用自己的行动感化了狂暴的王虫，使得风之谷的人类得以与王虫和平共存。

娜乌西卡这一形象，立于各方矛盾的结合部，代表着人类的利益，她甚至可以化身为精神领袖，但是宫崎骏导演并没有把她塑造成圣女贞德那样的精神领袖形象，而是强调个人的努力，无论是从腐海森林中救出培吉特的王子、从着火的飞艇中救出多鲁美奇亚王国的皇女还是只身救出被人类当作诱饵的小王虫，甚至独自抵挡王虫大军，娜乌西卡都是拼尽全力用自己的行动解决问题，化解矛盾。影片的最后，小王虫终于通过这个人类女孩努力的行为感受到了她那想要化解矛盾的爱心，重新归于平静，并且使用自己的金色触须为她疗伤，风之谷的人类和王虫重新找到了共同生存之道。

对于娜乌西卡所代表的同时面对战争和环境生存问题的儿童，宫崎骏导演给出的答案是非常简单的，那就是无论困难有多么巨大，唯有自己努力行动，才有机会解决问题。

（二）对现实的疑惑

二十世纪七八十年代，日本城镇化走向成熟阶段，人口、产业“东京一极化”特征显著，东京、大阪、名古屋三大都市圈城市建设飞速发展，对人口形成了极大的聚合效应，同时也对自然环境造成了极大的影响。

1988 年《龙猫》在日本上映，宫崎骏导演用一个温馨的视角演绎了自己对日本城镇化进程中所造成的一系列问题的忧虑。影片的内容很简单，为了方便妈妈病后休养，小梅和小月跟着爸爸达郎一起从城市搬到乡下，住进了一间年久失修的老房子，在这里她们不仅见到了躲藏在阴暗角落的煤灰怪，而且邂逅了住在森林里的龙猫。

透过影片，可以看出宫崎骏导演对城市建设过程中伤害自然环境的问题有着更深层次的考虑，他把问题的核心放在精神层面。自然环境被破坏的同时，新的城市环境也在建立，自然森林可以改造成人造森林，自然河流可以改造成人工运河，但是那些蕴含在乡野之中、密林之内的精灵传说甚至曾经的精神依托却渐渐被城市的钢筋水泥覆盖。那些曾经在乡野间奔跑、森林中嬉戏的孩子一个个都搬进了大都市，不再相信来自森林的故事和民间传说，伴随着孩子长大成人，这些来自森林的精神寄托终将消失殆尽，与自然环境遭受破坏这样表面的危机相比，更具危险的是人类在精神上的“忘本”。

在谈到《龙猫》真正想要表达的意义时，宫崎骏导演举例说："一到乡下就嚷着‘臭死了’、在厕所里摆上金木犀芳香剂，却在闻到真正的金木犀味道时说是‘厕所的味道’，用这类方式来教育小孩绝对是大错特错。因为，人类绝对不能双脚离地，只有双脚踩在大地上才能成长。”[1]影片中的小月和小梅所代表的，正是城镇化进程中，生活在都市圈的儿童，小月背着小梅打着伞来到“稻荷前”车站，末班车离去，龙猫顶着一片荷叶站在姐妹俩的身边的这一幕便是献给孩子们的答案——光是遇见龙猫这件事就已足够，只要孩子们的内心还留有希望，只要孩子们还相信森林里依然有龙猫这样的精灵存在便已足够。

（三）对过去的思考

20世纪90年代，日本的城镇化程度越发完善，随着时间的推移，人与自然相处的方式发生了质的改变，特别是在精神层面对自然的敬畏越来越少，取而代之的是对脆弱的自然的关怀和爱护。宫崎骏导演思考良久，终于下决心突破《风之谷》和《龙猫》中那种对人与自然的关系“点到为止”的态度，进而直接表现最激烈的矛盾。1997年，在《幽灵公主》中通过一场人类和自然的血与火的交锋，将两者关系中最尖锐的矛盾展现在了大众面前，希望在观影后人们能够形成自己的判断。

---

1 ［日］宫崎骏．出发点 1979—1996．黄颖凡，章泽义译．台北：台湾东贩股份有限公司，2017年版，第472页．

《幽灵公主》所展现的矛盾主体是开垦自然建设城市的达达拉城人和保卫自己生存环境的山猪神，主角阿席达卡则是以一个第三方的角度，带着观影的儿童去看清矛盾双方的残酷战争。阿席达卡身上还包含更深层次的含义，他是被大和政权毁灭而从古代消失的虾夷族的末裔，族人所隐居的村庄远离城市，村民的生活状态、耕作方式乃至驯养的坐骑羚羊等细节无不透露出这里依然保持着人与自然和谐相处的原始状态。为了阻止被邪神侵蚀的山猪破坏村庄，阿席达卡受到了诅咒的侵蚀，村里的巫女告诉他只有沿着山猪的足迹向西而行，找到诅咒的来源才能破除诅咒。在这里，宫崎骏导演为全片埋下伏笔，阿席达卡所代表的是20世纪90年代的儿童，他们觉得自己不被祝福，感觉就像抽到鬼牌倒霉透顶般气愤，可是我们大人却无法给他们一个明确的回答，顶多只能告诉他们：要珍惜种在那边的树木，即使孩子在感觉上似乎能够接受这个答案，但等到成为本质问题时，他们终究还是一知半解。[1]因此，大人们也只能把这种人与自然之间的矛盾拍成影片，让观影的孩子跟随受到诅咒的阿席达卡一起，骑上忠诚的羚羊亚克力向西而行奔向战争的中心，用自己的双眼去仔细观看这场人与自然之间最不可调和的矛盾。

在这场史诗般的战争中，究竟哪一方代表着邪恶呢？是为了开垦森林而使用火枪在野猪神身上种下邪恶种子的达达拉城人，是被邪恶侵蚀后向人类复仇的野猪神，还是疙瘩和尚所代表的为了获取利益而不择手段鼓动战争的商人们？又或是对生命予取予求的山兽神？影片并没有给出明确的答案，矛盾的各方都只是在做着维护自己利益的事，然而这些行为却最终引发了毁灭性的战争。影片结尾，战争的结局同样没有输赢，达达拉城被借机攻打过来的士兵毁灭，野猪死伤惨重，商人虽然一时得逞偷取了山兽神的头颅，最终还是被阿席达卡和珊还给了山兽神身体所化的巨人，战火洗礼后的山兽神森林最终恢复了生机。其中所展现出的，正是人与自然之间纷繁复杂的矛盾关系，并不能单纯地界定孰是孰非，唯有如同阿席达卡和魔法公主最终作出的选择一样，一个在达达拉城生活，一个在森林里生活，大家一起活下去，慢慢寻找共同的生存之道。

1 [日]宫崎骏．折返点1997—2008．黄颖凡译．台北：台湾东贩股份有限公司，2018年版，第30页．

二、儿童与教育

宫崎骏导演对儿童的人文关怀最直接地体现在他的教育理念之中。在与日本著名新闻节目主持人筑紫哲也所进行的关于国家前途的对谈中，他从以下两个方面表现出了极高的关注：一是从儿童的创造力方面；二是从儿童的想象力方面。在他的眼中，日本现行的教育制度过多地把儿童捆绑在教室里学习文化知识，相应地减少了孩子与自然接触、感受自然的时光。另外，父母过多地把自己的期待映射在孩子身上，为他们作出过多的计划与包办，挤占了孩子自己独立思考的空间，忽视了儿童自身独立的发展。对此，宫崎骏导演把自己想说给孩子听的话都隐藏在自己的影片之中，1989 年上映的《魔女宅急便》与 2001 年上映的《千与千寻》两部影片集中体现了宫崎骏的教育理念。

《魔女宅急便》中的小魔女琪琪遵循传统，在 13 岁那年离开父母，独自离开家乡到另一个城市生活修炼一年。这样的故事设定使琪琪的处境与日本城镇化过程中受到都市圈影响，从乡下来到城市生活的儿童的这种常见的现象境况一致。都市给了人们更多经济上独立的机会，使都市的儿童对独立生活充满了渴望，但是从精神上又束缚于对父母的依赖，从这样的矛盾之中可以看到都市儿童的愿望和心情。然而就像任何一个想要在城市中独立生活的人一样，琪琪必须认清并且好好利用自己的能力，才能完成这一艰巨的任务。琪琪在离开乡村飞向城市的路上遇到了另一位修行中的小魔女，她告诉琪琪她会算命，靠占卜的能力得以在陌生的城市生存，她还提醒琪琪要懂得应用自己的特殊技能，才可以更容易在陌生的城市完成自己的魔法修炼。受她的启发，琪琪选择一个海边的小城作为自己修炼的目的地，在这里她发现自己的飞行能力可以用来帮助居民们寄送物品，于是做起了快递的工作，最终使自己的能力获得客户的肯定，让自己有机会在城市中修炼下去。

魔女琪琪的修炼之路也表达了宫崎骏导演对于儿童教育的一些理念，其中最为显著的就是应该重点培养儿童的“特殊”能力，魔女琪琪拥有飞行的能力、面包店老板拥有做面包的能力、画家女孩拥有绘画的能力，只要真正掌握属于自己的特殊能力，就一定能在都市中很好地生活下去。然而真正掌握一门技术谈何容易，只有在实践的过程中不断锤炼与总结，才能真正把一门技术转化成自己的特殊能力。从这个角度出发，对待儿童的教育，应该因材施教，注重独立思维能力的培养，注重个性的发展。

《千与千寻》里的小女孩千寻所代表的是在城市里长大的女孩。2000 年左右的日本，都市化的进程已经度过了快速发展的阶段，城市人口增速已经大为放缓。对那些在城市里出生和成长的孩子而言，他们所面对的是父母的过度关注与保护，以及自身越来越多的依赖感，使在都市中长大的孩子显得更加娇气，缺乏独立性，自主能力不足，这些特点在影片开头部分的小女孩千寻身上体现得淋漓尽致。宫崎骏导演对影片的展开方式可以说是非常残忍的，影片刚开始不久，就让千寻的父母因为偷吃神灵的食物而变成了猪，这一设定瞬间就让娇气并且对父母充满依赖的小女孩失去了依靠。然而失去依赖的千寻并没有被困难击倒，她迅速坚强起来寻找生路，随后便在白龙的帮助之下与汤婆婆签订工作契约，在神仙度假的温泉旅馆——油屋找到了一份工作，并在这个神奇的世界生存下去。随着剧情的推进，千寻不仅靠着工作保证了自己的生存，更是通过不断的努力解救了无脸男、白龙、汤婆婆的宝宝以及自己的父母，最终带着满满的回忆离开了神奇的油屋。

千寻的这段神奇旅程实际上是一个都市女孩寻找自我的心灵之旅，在离开了父母的保护之后，千寻没有软弱哭泣，而是为了生存迅速变得坚强起来，这一变化实际上并不是说每个儿童都能迅速成长，而是拨开父母的保护还原了孩子们的真实面目，他们本来就具有很强的能力，给他们以足够的信任，给他们生长的空间，他们就能茁壮成长。在成长的过程中，有一个非常关键的要素就是工作能力，这也是影片中直接表达的观点。“工作”不仅是千寻得以在油屋生存下去的必要条件，而且是都市中生活的千千万万个孩子赖以生存的必要条件，脱离了父母的保护也不要紧，只要能认清自己，发挥自己与生俱来的本能，在都市中找到工作岗位就能生存下去，这便是宫崎骏导演想要通过千寻传达给都市儿童的观点。

三、儿童与灾害

2011 年 3 月 11 日，东日本大地震给日本带来巨大灾难，造成近两万人死亡。地震所造成的海啸席卷了岩手、宫城、福岛诸县，导致上万人的家乡被毁，流离失所。正在创作《起风了》的宫崎骏导演来到灾区，面对海啸过后的末日景象感慨万千，对那些受灾的儿童倍感关切并把这种关怀融入了影片的创作。

《起风了》所讲述的是天才飞机设计师堀越二郎的生平故事，在那个年代，日本不仅经历了关东大地震的天灾，而且经历着第二次世界大战给人们在经济与生活中带来的冲击，灾难给城市刻下无数伤痕，饥饿与流离失所的儿童随处可见。影片的主角虽然取材自真实的历史人物，却又通过崛辰雄所写的《起风了》这样一个凄美的爱情故事加以演绎，幻想与现实交错之间，展现了一个追逐飞行梦想的少年与向死而生的少女之间的故事。堀越二郎与菜穗子所代表的是面对灾难与乱世的人们，他们那种努力生活的状态都凝练成影片的那一句经典台词："起风了，唯有努力生存。"面对灾难，哪怕再困难也必须生存下去，也只有努力生存下去才有机会实现自己的梦想。

在主角堀越二郎的心中，有一块现实与幻想交织的净土，在那里有与自己梦想相通的意大利飞机设计师卡普罗尼，也有永远站在山坡上绘画的妻子菜穗子，还长眠着自己所设计的飞机，这里与现实中战争、饥饿、疾病、天灾、死亡阴影笼罩的残酷世界形成鲜明对比，表达了只有梦想的光芒才能穿透灾难的黑暗的思想。

四、想要告诉孩子的答案

在宫崎骏导演眼中，珍贵的童年只有一次，孩子很快就会成长为无趣的大人，再也不会对着戏剧性的画面开心无比，所以拍摄动画电影就是要趁着孩子还能单纯地为精彩有趣的画面而感动的时候，告诉孩子：无论这个世界变成什么样子，面对挫折、怀抱希望，这是他们唯一的答案。[1]

2017 年，76 岁的宫崎骏宣布第 8 次复出，将把自己最喜爱的书——《你想活出怎样的人生》搬上荧幕，这本书在日本被誉为"建立人生观的第一本书"。把这个命题与宫崎骏导演一直希望通过动画向孩子表达的主题相关联，不禁让人充满期待，面对现代社会飞速发展所带来的各种新问题，宫崎骏导演会用怎样的方式告诉孩子如何面对人生中的挫折。《你想活出怎样的人生》将于 2023 年上映。

1 [日]宫崎骏．折返点 1997—2008．黄颖凡译．台北：台湾东贩股份有限公司，2018 年版，第 523 页．

第二章　新海诚

第一节　新海诚简介

新海诚 (Makoto Shinkai)，1973 年 2 月 9 日出生于日本长野县南佐久郡小海町。日本长野县野泽北高等学校、日本中央大学文学部日本文学系毕业。他有深厚的文学修养，执笔了包括《言叶之庭》《你的名字。》《天气之子》《铃芽户缔》等多部小说。

新海诚原名新津诚 (Makoto Niitsu)，是日本建筑世家“新津组”社长的儿子。但他对家族事业并不感兴趣，大学毕业之后于 1996—2001 年就职于 Falcom 游戏会社，负责美工、动画与宣传影片制作。其间开始创作动画短片，包括 1997 年的黑白短片《遥远世界》、1998 年的《被包围的世界》，这两部短片可以被视为新海诚转向动画导演的起点，其后又创作了黑白短片《她和她的猫》。2001 年，由于在 Falcom 游戏会社的工作繁忙，导致《星之声》的创作停滞，他毅然辞掉了工作，成为一名自由职业者，全力投入动画影片创作。

2001 年至 2022 年，共创作了《星之声》(2002 年)、《云之彼端，约定的地方》(2004 年)、《秒速 5 厘米》(2007 年)、《追逐繁星的孩子》(2011 年)、《言叶之庭》(2013 年)、《你的名字。》(2016 年)、《天气之子》(2019 年)、《铃芽户缔》(2022 年)。其中，《你的名字。》和《天气之子》在日本的票房收入都进入了历史票房前十，这一成绩仅次于宫崎骏，新海诚成为日本动画电影的新一代领军人物。

新海诚身上充满了文艺气息，他的创作以描写少男少女的感情见长，拥有大批青年粉丝。从他抛弃家族的名字这一举动可以看出，他在极力抗争也在不停地证明自己，内心有一股不服输的强大精神。为了追求理想，他把自己的公寓改造成工作室，几个人加几台电脑就能完成《秒速 5 厘米》这样高质量的影片，他努力拼搏的精神也成为年轻人的楷模，而他拍摄《你的名字。》大获成功后才透露自己是建筑世家新津组的公子也成为人们津津乐道的话题。

第二节 新海诚代表作研究

一、游戏《永远的伊苏2》片头动画

新海诚导演在Falcom游戏会社工作期间，创作了《永远的伊苏2》《英雄传说3：白发魔女》《英雄传说4：朱红的泪》《英雄传说5：海之槛歌》《双星物语》等经典游戏的开场动画。以上几款游戏在背景设定以及游戏风格上都继承了Falcom游戏公司产品的一贯风格——精致的画面、动听的音乐、感人的剧情。Falcom公司是一家员工人数不到50人的小型公司，主要制作角色扮演类游戏，产品线虽然单一，但是却生产出了极具盛名的几个系列作品，在中国玩家中的知名度丝毫不亚于索尼、EA等日本乃至世界顶级游戏公司。其中“伊苏”系列从1987年的第一部作品到现在，一共创作了七代正传及一代前传，为Falcom游戏会社开疆拓土。“英雄传说”系列从1992年创作第一代作品以来则慢慢成为公司的中流砥柱，其中最为经典的就是《英雄传说3：白发魔女》《英雄传说4：朱红的泪》《英雄传说5：海之槛歌》。

游戏OP中的“OP”是opening的简写，即游戏片头动画。对一款好的游戏来说，片头动画有着至关重要的作用，它左右着玩家接触游戏的第一印象，一段成功的游戏开场动画通常以震撼玩家的视听为目的紧紧抓住玩家的心，引导玩家进入游戏剧情。

新海诚导演对游戏开场动画的处理重点放在唯美的画面上。在《永远的伊苏2》片头动画中，以飘浮在空中的伊苏国为背景，通过一系列游戏角色动态将如梦似幻的云与天空、细致入微的场景特写刻画、惟妙惟肖的人物描绘串联起来，从而刻画出伊苏系列游戏的幻想世界。

新海诚导演在Falcom游戏会社所参与的工作，严格来说只能算是他参与过的工作，并不能成为其代表作，他的这段工作经历与其他动画导演相比较太过特殊，相当于跨越了行业的界限。因此，在分析新海诚导演风格时不能缺失了这一部分游戏美术的创作，《永远的伊苏2》对游戏玩家的感召成为新海诚导演的一个特殊印记。

二、《秒速5厘米》

2000 年，新海诚导演完成了自己的第一部动画短片《她和她的猫》。

2001 年他从游戏会社 Falcom 辞职，作为独立制作人于 2002 年完成了 25 分钟的动画短片《星之声》，该片的 DVD 卖出了 5 万套，展现出不俗的实力，让新海诚这位本来默默无闻的新人监督在动画界大放异彩。

2004 年 11 月 20 日，新海诚导演的第一部长篇动画电影《云之彼端，约定的地方》在日本上映，该片展现出了强烈的个人风格，为其日后的成功打下了坚实的基础。

2007 年 3 月 3 日，真正把新海诚导演推上日本动画界高地的代表作《秒速 5 厘米》在日本上映，获得各界的赞誉，在世界电影之林画下了浓墨重彩的一笔，影片获得了“每一帧画面都如壁纸般精美”的评价，而影片中使用“美到窒息”的画面来表现那些无法用文字表述情感的方式也从此被定义为新海诚的个人风格。

在《云之彼端，约定的地方》上映后，新海诚导演开始策划下一部影片，最初的设想是撰写十部轻小说，用十个人物和主题都不相同的故事组成一部影片。经过多方考量，最终选择使用《樱花抄》《太空人》《秒速 5 厘米》三个短片组成一个完整的影片。正因为使用了轻小说作为蓝本，所以整部影片并没有依托一个完整的故事展开，而是以男孩远野贵树与女孩筱原明里的情感为线索进行片段化的描写。

《樱花抄》以远野贵树的视角，讲述了两人之间在小学时相遇、成为好朋友、考入同一所中学却又分开的经历，两人都因为父母工作的关系经常转校，有着相似的成长经历更能理解对方。因为体形瘦小而又多病所以比起运动更喜欢安静，午休或者放学后两人常溜进图书馆看书，就书的内容一起探讨。两人几乎无话不说，成为知己，彼此约定又考上同一所中学，开学之际明里却跟随父母转学去了栃木县的岩舟町。分开后的两人继续通过书信保持联系，然而不久贵树将跟随父母转学到鹿儿岛，想到从岩舟町到鹿儿岛的距离将会变成不是想见面就可以乘电车见面的距离，两人约定在贵树搬走前再见一面。于是，贵树制订了电车的换乘计划，按照约定赶往岩舟町，从豪德寺站开始乘坐电车，经新宿站到达大宫站一路离开东京都，然而却下起了大雪，电车从每站延误10分钟到延误时间未知，甚至停在荒郊野外两小时之久。电车上的贵树眼见时间远远超过了和明里约定的时间，明明距离越来越近，却越来越不能确定能否见到明里，心中充满了焦虑，充分展现了年轻男女互有爱慕之意时那种想要靠近却又害怕受伤的感觉。当贵树在深夜拖着疲惫的身躯赶到岩舟站时看到明里还在车站等他，这种感情终于得到释放，两人相拥而泣，在雪地的樱花树前拥吻，在路边废旧的仓库愉快地聊了一整夜。第二天，贵树离开岩舟町回到东京，却未曾想自己离开明里就如同宇航员离开地球孤身飞进未知的太空一般，从此与明里失去联系。

《太空人》以种子岛的女孩澄田花苗的视角描写了贵树转学到种子岛直至高中毕业时期的情感历程。花苗从初中到高中一直暗恋着从东京转学来的贵树，为了能制造更多接近贵树的机会，每天都假装巧遇与贵树一起放学回家。高三将至，班上的同学都有了未来的计划，贵树想要回东京读大学，只有花苗对未来举棋不定，她下定决心要在毕业前向贵树告白。在与贵树相处的过程中，她发现贵树总是用手机在给什么人发着短信，但实际上贵树的短信接收人都是空白，原来贵树虽然早就与明里失去了联系，但是心中依然思念着明里，那些没有收信人的短信其实都是想要发给明里看的。就在花苗想要向贵树表白之际，种子岛宇航中心向宇宙发射了一枚火箭，看着火箭冉冉升空飞向未知的宇宙，花苗突然明白了自己觉得贵树与众不同的原因，同时也明白自己在贵树心中是没有位置的。

《秒速5厘米》是对贵树与明里之间那种无法言明的牵念的总结。樱花瓣飞落到贵树的桌上，勾起他13岁那年的回忆，那年他跟一个女孩约好来年再一起看樱花。贵树不知不觉走到当年两人分别的路口，恍惚之间仿佛与成年的明里擦肩而过，疾驰的电车再次将两人分隔，贵树努力望向对面，心中所念的女孩并没有出现。此时贵树才明白，13岁那年无法表达出的那种感情，在种子岛时藏在心里的那些感情叫作“爱”。如果再有一次机会可以与明里共赏樱花，如果在路口擦肩而过的女孩就是明里，也许贵树可以将13岁的自己无法表达的感情诉说出来。然而世间本无如果，如今的明里已经出嫁，而贵树有着自己的事业，只是再也找不到那种心动的感觉。铁轨的对面只剩下飞舞的樱花瓣，以每秒5厘米的速度如下雪般飘落。

新海诚导演用最美的画面语言表达了男孩与女孩之间这种细腻而又暧昧的情感，整部影片充满了浪漫的色彩，每一帧画面都异常精致，吸引了大批青年观众。因为影片的背景是现代的日本，所以影片中的场景都取材自实景，包括新宿、种子岛、小田急线、埼京线、两毛线电车车站以及沿线风景，影片公映之后吸引了大批粉丝前往影片中的取景地留影，形成了“圣地巡礼”文化。其中有大批粉丝跟着贵树的计划表制订了“圣地巡礼”路线——从豪德寺站乘小田急线至新宿站换乘埼京线到大宫，再改乘宇都宫线到小山换乘两毛线抵达岩舟。鹿儿岛县种子岛中学也因本片成为旅游胜地，可以说本片带起了一股新的社会潮流。

三、《言叶之庭》

2013年5月31日，新海诚导演的影片《言叶之庭》在我国的台湾地区、香港特别行政区和日本同步上映。影片的故事背景取材于现代日本，内涵却引自日本古代诗歌《万叶集》[1]之中的恋爱思想。

《言叶之庭》讲述了一段高中男生秋月孝雄与职业生涯遇到危机的女老师雪野百香里之间的一段“孤悲”之恋。一个下雨的早晨，高中生秋月孝雄乘电车去上学的路上突然决定不再换乘，走出车站逃学来到新宿御苑公园，在湖边的小亭子一边欣赏雨景一边绘制鞋子的设计图，在这里邂逅了身穿职业西服，一边喝着啤酒一边吃着巧克力的女孩雪野百香里，从此两人总会在下雨的早晨不约而同地来到这个湖边的小亭子。秋月孝雄的理想是成为一名制鞋师，这一理想受到身边人的质疑，大家都觉得他的这一理想不切实际，他只能一人孤独地向着理想努力前进；雪野百香里是一名高中古文教师，受到所教班级学生的诬陷而陷入职业危机，她每天都穿好职业西装准备回学校上课，但是却始终迈

1　《万叶集》是日本现存最早的和歌集，成书于奈良时代（710—794年），收录了上至天皇下至无名士兵创作的4400多首和歌，被誉为“日本之《诗经》”，代表了当时日本文化的最高成就。

不出脚步，只好一个人孤独地躲到学校附近的公园。两个孤独的人心有灵犀一般在每个下雨的早晨在此相遇，渐渐地被彼此吸引，两人同时也从对方身上汲取了勇气，可以迈开脚步推动自己的人生继续向前。雪野决定不再逃避，到学校递交了辞职信，秋月在学校遇见雪野才知道她是自己学校的古文老师，高三的一名学姐因为嫉妒而陷害雪野，最终导致她辞职，同时秋月也明白了自己与雪野的“孤悲”之恋是不可能有结果的。

《言叶之庭》中所展现出的情感描写细腻而生动，新海诚导演所想要表现的并不是现代的爱情故事，而是取自记录着日本古代和歌《万叶集》中所展现的“恋”，也就是日本人恋爱意识的原生状态，其表达的是一方面为所爱的人吸引，另一方面却因无法与之长相厮守而满怀孤独哀愁的情绪。[1]可以说整部影片都是围绕着雪野念给秋月的和歌“隐约雷鸣，阴霾天空，但盼风雨来，能留你在此；隐约雷鸣，阴霾天空，即使天无雨，我亦留此地”展开的。从内涵上来说表现的是希望靠近对方却又无法确定对方心意的那种苦闷、忧愁、悲哀的“恋”，从表面上来说，借助“梅雨季”的设定展现着雨中公园、阴霾中的都市，所有的画面都与之暗合。

《言叶之庭》上映后，获得的评价褒贬不一，影片中的精美画面得到了一致的好评，但是新海诚导演所钟情的这种散文式的叙事方式却再度受到了质疑，影片中有太多的写意部分，缺乏故事的整体性。整部影片能给人留下深刻印象的只有一幅幅精美的背景画面，主线故事未能激起太多的共鸣。

四、《你的名字。》

2007年《秒速5厘米》获得成功之后，新海诚导演总结经验开始寻求改变，于2011年推出了片长116分钟的剧情长片《追逐繁星的孩子》，但是这次尝试并不成功，得到了故事没讲好、感情描写也不够细腻的评价，只有无比精美的1600个镜头绘画依然能够保持着好评。[2]

2013年，新海诚导演转回拿手的情感描写，拍摄了《言叶之庭》，虽然在

1　钱昕怡．“孤悲”：从“万叶集”“恋”歌看日本人的恋爱意识[J]．日语知识，2000(8)：26-27.

2　[日]新海诚．追逐繁星的孩子美术画集．株式会社KADOKAWA，2016年版，第173页．

画面的处理上有了新的突破，得到了“每一帧都能做桌面”的评价，但是影片故事上的缺点依然被影评人抓住不放。

2016 年 8 月 26 日，新海诚导演终于将细腻的情感描写完美地融入了动人的故事，动画长片《你的名字。》在日本上映，首周末票房为 9.3 亿日元，有 68.3 万人观看。2016 年 12 月 4 日，该片票房突破 199.5 亿日元，打破了 2004 年宫崎骏导演的《哈尔的移动城堡》196 亿日元的纪录，位列日片影史第 2 名。票房与口碑双丰收一举打破所有质疑，新海诚导演成功地扛起了日本动画界的领军旗帜。

影片简介：神社世家女孩宫水三叶生活在飞驒高山中的糸守町，这里地方小人口少，电车两小时才有一班，便利店晚上 9 点就关门，没有书店、没有牙医，却有两家小酒馆，生活单调而乏味，再加上自己身为巫女却有个想要竞选镇长的爸爸，走到哪里都是小镇居民窃窃私语的话题人物。三叶对这样的小镇生活感到厌烦，在神社的鸟居下大声喊道：“我已经受够这里了，受够这种人生了，来世请让我做东京的帅哥吧！”一天早晨，三叶醒来时发现自己与东京的高中生立花泷互换了身体，在现实与梦幻的交错之间，两人利用交换身体的时间体验着对方的生活与情感。三叶借着变成泷的机会实现了在东京生活的愿望，同时帮助泷博得打工餐厅前辈奥寺美纪的好感；泷也借着三叶的身体体验着小镇生活，与三叶的好友敕使和早耶香相处融洽，同时泷身上仗义豪迈的个性也帮助三叶获得了小镇居民和同学的好感。两人通过在自己手上写下名字的方法得知了对方的姓名，通过在手机上记日记的方法让对方知道交换身体的这段时间发生的事。渐渐地，两人对彼此产生了好感，三叶帮助泷和奥寺美纪订下了重要的约会，在约会过程中，敏感的奥寺美纪发现泷心中另有他人，而泷也意识到自己真正喜欢的人是三叶，然而还没来得及向三叶表白，自己就变回了原来的身体。

泷凭着自己化身三叶生活的记忆画下了小镇的景色，想要前往飞驒高山寻找三叶，好友藤井司和奥寺美纪不放心也跟他一起前往高山。三人问遍了飞驒也没有人见过泷画下的景色，就在即将放弃之际，面馆的老板娘不经意间看到泷的画，才告知这个小镇是三年前被彗星碎片撞击毁灭的糸守町，查阅的死亡名单中也有三叶的名字，泷终于明白了两人身体不再互换的原因。

伤心的泷想起三叶的外婆带她把口嚼酒供奉给神灵的往事，决定只身一人来到供奉神灵处喝下口嚼酒尝试最后一次与三叶互换身体，解救小镇居民。在两人的共同努力下成功地改写了历史，拯救了小镇居民，同时两人互换身体的经历与记忆也渐渐消失，只在彼此的内心留下了一个想要追逐的恍惚目标，直到五年以后，两人在须贺神社的阶梯上再度相遇。

身体互换这个科幻影片常用的梗在新海诚导演手里被演绎出了新的高度，表面上看，这是一个典型的科幻元素，实际上表现的是心与心之间的距离。新海诚导演谈到影片的定位时说："一开始我并非想描写爱情，只是单纯想讲一个两人命中注定要相遇却还未遇到的故事。他们原本是陌生人，但终有一天会相遇。在那之前他们已经以某种方式接触彼此。说白了，这就是不走寻常路的男孩遇见女孩的故事。"[1] 在这个新海诚导演最拿手的男孩女孩情感表现基础上，附加了精神与身体互换的奇幻元素，辅之以彗星坠落的灾难元素、神社巫女的传统元素、神灵与时间的传说要素、都市生活的青春要素，捏合成为一部现实与幻想交汇的影片，至情至深，看点丰富。

新海诚导演第一次在影片里对配角进行精细演绎，在作为主角的男孩与女孩情感主线描写上填充了男主角与女主角各自的生活圈，泷与好朋友藤井司、高木真太以及认识三叶前的爱慕对象奥寺美纪构成了东京都的生活圈；三叶与好朋友敕使、早耶香及妹妹四叶、外婆一叶构成了糸守町的生活圈。每个生活圈的描写都丰满而鲜活，每个人都性格突出、活灵活现，更好地衬托了主角的情感变化，增加了影片的看点，可以说是一次创作上的飞跃。

作为新海诚导演的个人标签，精美的画面依然是本片最大的看点之一，特别是借助最新的 CG 技术，用 IMAX 观看巨幅高清精美画面实在是一种享受，不仅比东京风景宣传片的效果还要好，而且再度掀起影片取景地的"圣地巡礼"风潮。从新宿到六本木、从东京都到飞驒高山，许多年轻人追寻着影片中的画面遍访新海诚导演重绘画面的取景地，笔者在为本书取材的过程中，也跟随新

1　日本角川书店编．《你的名字。》官方视觉设定集．冯锦源译．南昌：百花洲文艺出版社，2017 年版，第 54 页．

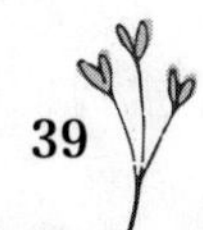

海诚导演的脚步拜访了影片结尾处泷和三叶再度重逢的取景地——位于东京须贺神社旁边的长阶梯（图 2.1）。在笔者拍摄这张照片的短短 10 分钟时间，就不断有讲着中、日、韩三国语言的年轻人来此留影，足以看出新海诚导演的影响力。实地考察也更能体会到新海诚导演选择这里作为动画舞台的心情，从位置关系上讲，须贺神社就是一个位于居民区中间的小型神社，并不是一个旅游景点，更多的是满足附近居民的参拜需求。使用这样的取景，能使影片更加接近日本青年的生活现状，使观众更有代入感，可以引起共鸣，从这个角度出发就更容易理解为什么新海诚导演热衷于使用人来人往的新宿站作为自己影片的舞台了。

图2.1　东京须贺神社旁边的长阶梯

五、《天气之子》

2019 年 7 月 19 日，新海诚导演再度突破风格，以全球气候问题为背景的话题之作《天气之子》在日本上映。继《你的名字。》之后再度掀起观影热潮，获得 135 亿日元票房收入，稳稳获得 2019 年票房冠军，冲进日本本土电影票房收入前十名。

影片中的世界，气候急剧恶化，天空无穷无尽地下着雨，老家在某个小岛的少年帆高离家出走只身前往东京，在船上遇到突如其来的大暴雨，渡轮颠簸之际险些滑落到海里，此时中年大叔须贺一把拉回了帆高，两人因此相识。渡轮抵达东京，分别之际须贺递给帆高一张名片，让帆高遇到困难时来找他。

帆高到达东京后开始寻找打工的机会，由于自己未成年，只能住在网吧和浴室，尝试了许多途径也找不到工作的机会，他身上的钱越来越少，每天只够在快餐店喝一杯粥。一位身着快餐店制服的女孩同情帆高送给他一个汉堡包，少女离开后，帆高含泪吃着汉堡包，不禁觉得这是自己十六年来吃过最美味的晚餐。东京的谋生对高中生帆高来说是如此的可怕，即便如此，他也不愿意再次回到岛上。帆高按照须贺所给名片的信息来到了事务所，须贺收留了帆高，让他和事务所的助理夏美小姐一起去为一篇刊载在超自然杂志上的报道进行都市传说的取材。帆高乘上夏美的摩托车，两人开始奔忙于大街小巷，寻访网上盛传的“百分之百晴天女子”。

帆高在街头看到一伙小混混在纠缠那位在快餐店送给自己汉堡包的女孩，上前救出了女孩，得知女孩名叫阳菜，同时也发现了一个惊人的信息——阳菜具有祈祷天空放晴的能力，原来她就是自己想要报道的都市传说人物。阳菜的母亲一年前过世了，她独自带着弟弟凪生活，姐弟俩相依为命。在帆高的建议下，三人做起了帮助祈祷晴天的工作，一开始联系他们的顾客只是抱着试一试的心态，随着阳菜能祈祷天空放晴的消息在网络上流传开来，拜托他们祈祷晴天的顾客越来越多。阳菜发现自己每成功祈祷一次蓝天，身体就有一个部分会变透明，原来她之所以能够祈祷晴天是因为她无意间被选为了天气巫女，有着治疗天气的职责，同时也背负着献祭自己的悲惨命运。

最终阳菜还是献祭自己飞上天空，换来了正常的天气，帆高觉得是自己提议阳菜把祈祷晴天当作工作结果害了她，于是拼命追寻着阳菜的踪迹，通过房顶的鸟居穿越到天际，不顾一切地带回了阳菜。

新海诚导演在《天气之子》中表现了一个有悖于传统思维的故事结构，正统的故事应该是世界失去秩序后再次回到正轨，如果按这个结构来讲述，对照《你的名字。》中的做法，应该是一个现代版的巫女献祭的故事，世界秩序混乱导致气候异常，人们按照传统的做法选出巫女献祭给作恶的邪神，路过的勇者挺身而出打败邪神救出巫女帮助世界恢复秩序。然而，新海诚导演却在影片中尝试了另一种结局，阳菜作为巫女被献祭，而身为勇者的帆高却在世界秩序与个人意愿之中选择了后者，大喊着“天气什么的，就让它失控好了！永不天晴也没关系。我不要蓝天，只要阳菜！”这样自私的价值观明显与社会的价值观相悖。对于这种价值取向的表现，新海诚导演表示自己虽然选择了使用气候问题作为反派的“邪神”，却并不是真的想通过影片讨论世界气候问题，而是纯粹当作娱乐片来拍摄，设定与大众不同的价值观，也只是想引起大众对影片娱乐性的讨论。新海诚作为如此有影响力的导演，没有考虑利用自己的影片与当今世界日益严重的气候问题针锋相对，而只是单纯地考虑影片的娱乐性，从这个角度来看，不失为一种遗憾，也体现出了他与宫崎骏导演之间的差距。而在描写社会底层的生活现状时，他虽然描写了“住网吧”“留宿麦当劳”“流落歌舞伎町街头”等普通大众所熟知的落魄状态，但是缺乏细节的支撑，与今敏、大友克洋导演笔下的东京底层生活相比有很大的差距，多了一些文艺气息，少了市井的烟火味。

第三节　新海诚的艺术风格研究

一、独立制作人的分镜稿

从新海诚导演所公布的分镜稿来看，他对分镜稿的把握更接近独立制作人的操作方式，更加注重效率与个人的表现需要，不大考虑影片制作流程中信息传达的准确性。在分镜绘制过程中并没有把精力放在动作、表情、场景等细节上，更注重镜头的运动与衔接。在很多分镜稿中甚至可以看到使用实拍照片作为背景参考，比如《你的名字。》中两位主角在长阶梯相遇的一幕，主角泷和三叶只是寥寥数笔示意了一下在场景中所处的位置和大致的动作状态，关键的透视问题则交由实际制作的过程中再解决。这种绘制分镜的方法必然导致在设计阶段要增加大量的工作，原画师在工作时必须和导演充分沟通，否则很难准确表现出导演的意图。

从构图上讲，新海诚导演受到这种基于照片创作方法的限制，更多使用的是横向的构图，这样就会限制镜头的运动，使画面动态单一，同时也就限制了角色的动作表现，在此基础上很难设计出激烈的动作场面。直至《你的名字。》

一片中，新海诚导演才尝试借助 CG 技术在流星坠落的高潮一幕设计了大幅度的摇镜动画。

相信新海诚导演的这种分镜绘制方式和他进入动画行业的经历有着密切的关系，他最初的动画《她和她的猫》以及成名之作《星之声》都是一人独立完成从策划到制作的所有流程。对独立创作的作品来说，分镜并不需要考虑整个操作流程，只需画到自己能看懂就行，后续具体制作时还有很大的修改空间。习惯一人完成整个动画制作流程的新海诚导演对自己在分镜阶段留出空间，后续制作阶段再补充完整的方式有着十足的把握，这样的分镜虽然看似不严谨，但是只要导演能够控制最终成品的质量也就算不上问题了。

从效率的层面上来说，从绘画上节省下来的时间可以大大缩短整部影片的前期策划时间，这样就可以分配更多的时间到后期制作环节，使得负责后续绘制的艺术家有更多的时间来提升画面品质，而优缺点在最终的成品动画中也都会清楚地反映出来。

二、壁纸般精美的CG背景绘制

新海诚导演自独立制作《星之声》以来，其精美绝伦的背景绘制就获得一致的好评，《秒速 5 厘米》更是赢得了“每一帧都精美如壁纸”的赞誉，足以见得他对于动画中的背景 CG 绘制有着独到之处。2005 年，新海诚导演在自己家的工作室与丹治匠、马岛亮子等人组成团队制作《秒速 5 厘米》，这个年轻的团队最大的特点就是所有人都擅长使用电脑绘图，通过电脑 CG 技术绘制出比传统手绘更加精美的画面，并且一开始就着力研究三维动画技术与二维动画的结合，很快就在实践中取得成果，《你的名字。》中彗星坠落的一幕便是只有通过电脑 CG 绘图与三维动画相结合才能做出的经典画面。

新海诚背景绘制的处理方式是对照片进行艺术化重构，绘制方式是基于照片进行数码重绘并辅之以 CG 光晕等特效处理。在创作《你的名字。》的过程中，新海诚首先就安排制作团队分赴各地取景，拍摄了大量的照片资料，再根据分镜有针对性地选取相应的照片展开数码重绘。

从三叶与敕使、早耶香一起在糸守町街头漫步的一段分镜稿，可以看出分镜部分只对镜头构图、背景内容和角色位置做了必要的绘制，并没有深入绘制细节。经过实景拍摄与数码重绘后得到的背景图精美，如梦似幻，把深山中的小镇描绘得如同人间仙境。这种画面效果既保留了场景的现实感，又通过高饱和的颜色和镜头光斑、光晕等 CG 特效增加了梦幻感，形成了新海诚独特的艺术风格。

第四节　新海诚的“圣地巡礼”文化研究

“圣地巡礼”原本是宗教用语，指前往宗教中的圣地进行礼拜，本节所探讨的“圣地巡礼”特指 ACGN（animation 动画、comic 漫画、game 游戏、novel 小说）的粉丝前往自己喜欢的作品所发生的场景原型地“朝拜”旅行的文化行为。这一文化行为的出现，源于日本漫画与动画作品创作过程中将故事舞台放在现代社会的一类作品，为了使作品能够与观众产生共鸣，漫画家和动画导演从身边生活环境中取材实景进行绘制，包括公园、建筑、自然风景、雕塑物等，使观众和读者对作品产生代入感。观众和读者依据作品的描述找到这些动画与漫画场景中的原型地进行考证，从而产生了最初的“圣地”考察。伴随着此类作品的影响越来越大，这种最初的小众行为演变成动漫粉丝的群体行为，从而形成一些特殊旅游路线的“圣地巡礼”。

日本政府从宏观层面出发，对由 ACGN 衍生出的特殊旅游保持了敏锐的关注。2007 年，日本经济产业省发布了《通过利用日本动画扩大国际观光交流等方式激发地域活力调查报告书》，引导地方政府和相关产业发挥日本动画的国际影响力，吸引海外游客访日观光，促进地方经济振兴。2011 年，日本国家旅游局（JNTO）特别推出了日本动漫地图（Japan Anime Map），为世界各国游客指明了动漫“圣地”，从官方的角度推进动漫爱好者的“圣地巡礼”。

一、新海诚的“圣地巡礼”路线

新海诚导演的电影全都取景自日本的实景，再加上他那“如壁纸般精美”的数字绘画处理方式，使得影片中的场景取自现实而又有一种超越现实的美，吸引了一大批粉丝沿着影片中主角的足迹进行“圣地巡礼”旅游。

1.《秒速5厘米》影片中有一条非常明显的线路，就是第一个故事《樱花抄》中，贵树为了去岩舟町见明里而走过的电车换乘路线——从豪德寺站乘小田急线至新宿站换乘埼京线到大宫，再改乘宇都宫线到小山换乘两毛线抵达岩舟。这一条线路就是东京普通的通勤线路，包括电车小田急线、埼京线、宇都宫线和两毛线等四条电车线路，豪德寺站、新宿站、大宫站、小山站、岩舟站等五个电车站。而第二个故事《太空人》的取景地鹿儿岛县南部的种子岛，也同样不是传统的旅游目的地，比较出名的是位于岛上的日本最大的宇宙航天基地。

2.《言叶之庭》故事的舞台是著名的新宿御苑公园和新宿站的周边。新宿御苑是东京最大的日式庭园和法式庭园相结合的公园，横跨东京都新宿区与涩谷区，正如影片中所描述的景象，是人潮最密集的新宿站附近一片难得的净土，这个公园并不是东京的知名旅游景点，游客以附近居民为主。

3.《你的名字。》影片的舞台基于灵魂与身体互换的立花泷和宫水三叶两人，分别在群山中的糸守町和繁华的东京都展开影片，新海诚导演在策划该影片时，与制作团队一起在东京与岐阜两地进行了大量的实拍取景，行程从繁华的关东地区大都市到风景秀丽的中部飞驒高山，展现在影片中的场景不亚于一部日本旅游宣传片。本片所引发的圣地巡礼包括两条线路，一是东京都，也就是沿着立花泷生活和打工的周边环境，主要包括新宿车站、须贺神社、JR四谷站、信浓町站前天桥、代代木大厦、国立新美术馆、六本木之丘。其中，新宿站是多次出现在新海诚作品中的大型轨道交通枢纽，是全日本最复杂的交通枢纽，共有十几条线路相互连接，大小出口178个，这里应该是世界上最繁忙的轨交站之一，把这里作为动画发生的舞台，能让大多数观众产生共鸣。须贺神社位于新宿区须贺町，是居民区中的一个功能性神社，主要满足附近居民参拜的需求，并不是知名旅游景点。代代木大厦是NTT DoCoMo的公司业务用大楼，外观很像纽约帝国大厦，多次出现在新海诚的作品之中。六本木之丘是一幢巨型的商业大厦，通过其开放式的顶楼，可以观赏到以东京塔为中心的东京标志性夜景（图2.2），这一画面也经常出现在其他的动画影片之中。

图2.2　东京塔周边景象

另一条线路是立花泷为了寻找失去音信的三叶而与奥寺美纪、藤井司一起前往的岐阜县飞驒市，主要包括 JR 高山本线飞驒古川站、飞驒山王宫日枝神社、飞驒市图书馆。

4.《天气之子》影片以东京为舞台，深入街头巷尾，最为显著的是新宿站周边、歌舞伎町 2 丁目、涩谷忠犬八公像前的交叉路口、六本木之丘顶层观景平台、横跨东京湾的彩虹大桥等。

二、“圣地巡礼”现象分析

1. 拉近与观众的距离

从新海诚导演的创作思路着手分析，他大量采用生活周边的实景作为动画场景的原型，最主要的目的就是与剧情结合，增加观众的代入感，拉近与观众的距离，使观众睹物思人融入剧情。

综合新海诚导演的四部作品，出现最多的场景当属新宿站，这里是东京最繁忙的交通枢纽，也是与日本人生活交集最多的地方。而作品中必然出现的电车与电车站也是日本人生活中每天必然要接触的交通工具和场景，使用这些源自生活的实景作为动画作品展开的舞台，可以让观众与作品产生交集，使观众能够与剧中人物“对话”。以《你的名字。》取景的须贺神社为例，故事的主题就是两人命中注定要相遇却还未遇到，经历了种种风波，最终跨越时间在须贺神社前这个长长的阶梯擦肩而过时才互相认出了命中注定的那个人。年轻的观众沿着影片的剧情走上这个阶梯时（图 2.3），是否心中也会想着那个与自己命中注定却还未曾相遇的人？

图2.3　须贺神社的阶梯

2. 意外的旅游热潮

由于电影粉丝的“圣地巡礼”催生了一股旅游热潮，产生了新的商机，对于日本国内的观众而言，旅游的目的地就是精准定位影片镜头中所展现的场景，但是由于新海诚导演的取景地都是城市中的普通场景，所以对于取景地中的商业场所来说，无形中得到了一次最好的广告机会。电影中提到的其他物品，也能得到观众的认可。其中最为显著的就是《你的名字。》中的飞驒牛，这是产自飞驒高山的一种高级和牛，是岐阜县的特产，也是当地著名的旅游商标，当飞驒牛在影片中多次出现后，这一小众品种的和牛知名度大增，同时也为整个飞驒高山的旅游项目做了一次大大的宣传。飞驒市图书馆为了配合前来“巡礼”的游客，也根据影片剧情，专门开设了一个展示区呈放《你的名字。》相关的资料，在飞驒市官方特产店也配合影片发售影片的衍生产品。

对于国外的观众而言，则直接促成了前往日本的出国旅行机会，有的旅行社甚至开设“圣地巡礼”的旅游项目，成为日本整体观光旅游业新的经济增长点。

3. “圣地巡礼”的衍生问题

从新海诚影片中所涉及的取景地不难看出，绝大部分是散落于东京城市的各个居民区，并不是正式的旅游景区，所以“圣地巡礼”带来的第一大问题就是当地的管理问题。当地居民在须贺神社的阶梯旁，张贴有显眼的中、日、韩三国语言告示，希望前来拍照的游客不要长时间逗留堵住通路，不要大声喧哗影响周围的住户，这便是把居民区中的某个建筑作为热门旅游景点带来的首要问题，缺乏专人管理必然会导致混乱，这也留下一定的安全隐患。

三、“圣地巡礼”带来的启发

1.“他山之石可以攻玉”，新海诚导演拍摄反映现实题材的影片，推动“圣地巡礼”的成功案例已经为国产动画电影在这个题材上的空缺指明了道路。当前，国内动画电影的创作，神幻题材大行其道，依然把创作的重心放在传统神话故事的改编上。孙悟空、哪吒一次次消费市场的热情，如今虽又加入了白蛇、青蛇、姜子牙和杨戬，但依然离不开已有的角色形象。放眼海外动画电影，创作的空间更加广阔，其中不乏反映当代城市生活的作品，新海诚导演从《秒速 5 厘米》到《天气之子》《铃芽户缔》一直都是基于身边的生活创作的故事，而他这种从身边取材、从身边取景的创作方式已经是被市场验证过的成功方式，国内动画人大可以循着新海诚导演的思路，寻找身边的故事，创作不同类别的动画电影。

2. 大胆尝试异业合作。新海诚导演通过创作影片，形成了客观上推动当地旅游业发展的事实，同时也促生了影片创作的另一种思路，可以与旅游资源相结合展开创作，从旅游管理机构来说，可以获得特殊的宣传机会，而从动画制作方来说也可以获得直接的资源和宣发支持，两者相得益彰，必然能对双方都起到促进作用。

我国幅员辽阔，地形地貌复杂，可取得的相关素材远远多于日本，相应地也就会有更多的创作空间，期待这样的异业合作能够早日实现。

第三章 高畑勋

第一节 高畑勋简介

高畑勋（Takahata Isao）（1935年10月29日至2018年4月5日），日本动画电影导演，出生于日本三重县伊势市，1959年毕业于东京大学文学系法文学科。在校期间观看了法国动画大师保罗·古里莫的动画作品《斜视的暴君》，受到启发而立志从事动画行业，同年进入东映动画工作。《斜视的暴君》最初拍摄于1952年，后于1979年重新制作后改名为《国王与小鸟》，是最早引进我国的动画电影之一，它还对吉卜力工作室的另一位大师宫崎骏导演产生了深远的影响，因此这部影片也被视为吉卜力工作室的原点。

高畑勋曾担任过《小王子与八头龙》（1963年）等剧的导演助理；之后执导了自己的第一部电视系列片《狼少年肯》（1963—1965年）；1968年首次执导剧场版动画长片《太阳王子霍尔斯的大冒险》，其间与后辈宫崎骏在工作与工会活动的过程中加深了交流，1971年两人离开东映动画，与大冢康生一起进入“A Production”公司。1973年，两人又一起跳槽到“Zuiyo Picture”，执导了《阿尔卑斯山的少女》（1974年）、《三千里寻母记》（1976年）、《红发少女安妮》（1979年），之后导演了《小麻烦千惠》（1981年）和《大提琴手高修》（1982年）。在担任《风之谷》（1984年）和《天空之城》（1986年）的制作人期间，与宫崎骏一起创立了“二马力”会社（吉卜力工作室前身）。

1985年，高畑勋导演与宫崎骏导演共同创立吉卜力工作室，成为日本动画界的一面旗帜。1987年，高畑勋自编自导纪录片《柳川堀割物语》。作为自己的剧本和监督作品，执导了《萤火虫之墓》（1988年）；1991年，执导的《岁月的童话》获得第15届日本电影学院奖话题奖——最具话题影片奖；1994年，自编自导动画电影《百变狸猫》；1999年，执导改编自石井寿一的四格漫画的喜剧动画电影《我的邻居山田君》，获得第3届文部省文化厅媒体艺术祭动画

部门优秀奖；2009 年，获得第 62 届洛迦诺国际电影节金豹奖；同年，与宫崎骏共同执导喜剧动画电影《鲁邦三世特别公映版》；2010 年，执导儿童动画电影《红发少女安妮剧场版》；2013 年，执导《辉夜姬物语》，入围第 37 届日本电影学院奖最佳动画电影奖；2015 年，凭借《辉夜姬物语》获得第 42 届安妮奖最佳动画电影导演奖；2016 年，获得第 43 届安妮奖温瑟 · 麦凯奖。

高畑勋导演是一位非常特殊的动画导演，他毕业于日本排名第一的东京大学，在这所世界闻名的学府中学习并接受熏陶，形成了底蕴深厚的文学修养和艺术鉴赏能力，同时他也是一位天才编剧，在剧情的组织与衔接上有着独到的见解，但是他本人并没有专门练习过绘画，是一位无法自己绘制分镜稿的导演。

第二节　高畑勋代表作研究

一、《萤火虫之墓》

1985 年，宫崎骏、高畑勋和铃木敏夫三人单独租下制作场地，成立了吉卜力工作室。1988 年，在铃木敏夫的推动下，吉卜力工作室进行了《龙猫》（宫崎骏导演，德间书店制作）与《萤火虫之墓》（高畑勋导演，新潮社制作），两位导演分头执导两部影片同时上映的商业策划。高畑勋导演对制作严格要求，不肯降低标准，《萤火虫之墓》甚至到影片公映日都没能完成制作，在经过与铃木敏夫的一番争执，最终形成了在影片中保留两处留白的提案。[1]

影片改编自日本著名作家野坂昭如[2]创作的小说《萤火虫之墓》，内容取材于野坂昭如在中学期间遇到的神户大空袭。14 岁的哥哥清太和 4 岁的妹妹节子在空袭中失去了妈妈成为一对孤儿，看着天真的妹妹，清太实在无法说出两人已是无依无靠的孤儿的真相，毅然将带着妹妹活下去的责任扛在自己肩上。走投无路的两人只好去投靠亲戚，但是战争中的世界何其残酷，除了天上坠下的炸弹外，日益匮乏的食物资源也是性命攸关的大事，两人的到来使本就捉襟

1　[日]铃木敏夫．顺风而起．钟嘉惠译．台北：台湾东贩股份有限公司，2014 版，第 134 页．

2　野坂昭如（1930 年至 2015 年 12 月 9 日），出生于镰仓。日本著名作家、剧作家、作词家、歌手。主要作品有《萤火虫之墓》《美国羊栖菜》，并于 1968 年获得日本文坛最高荣誉——直木奖。

见肘的亲戚一家更加困难，阿姨眼中越来越多的嫌弃与家中越来越少的粮食都在暗示清太两人不受欢迎。

哥哥清太终于再也忍受不了这种压力，带着妹妹节子在山洞里开始了新的生活，但是在兵荒马乱的年代，稚嫩的双手又有什么能力支撑起摇曳的生命之火。没有食物只能靠偷，没有药品只能靠身体自愈，最后实在没有食物只能吃土……两个幼小的生命最终消失在了人们的视野中。

高畑勋导演以生命为主题直接抨击战争的残酷，旗帜鲜明地表现出反战的主张。影片一经上映，获得多方好评，该片被英国电影杂志《Empire》评为世界“前十大最令人心情沉重电影”排行榜第 6 名。对笔者来说，这部影片甚至可以排第一，特别是影片后半部分对两个孩子在山洞中彼此依靠努力活着的描写直刺心灵，两个孩子的生命之光就如同黑夜中飞舞的萤火虫明明灭灭，美丽而脆弱，相信孩子看完本片一定会对来之不易的和平更加珍惜。

高畑勋导演在拍摄《萤火虫之墓》之前已独立执导了《狼少年》《三千里寻母记》《红发少女安妮》《小麻烦千惠》《大提琴手高修》等动画电影，但并未形成鲜明的个人特征。直到 1985 年，吉卜力工作室成立才开始显露出自己在艺术上的追求。拍摄《萤火虫之墓》的过程也是高畑勋导演与铃木敏夫制片磨合最艰难的时期，影片制作后期高畑勋导演一度对制片铃木敏夫避而不见，差点无法完成摄制工作。

二、《岁月的童话》

1991 年 7 月 20 日，高畑勋执导的动画电影长片《岁月的童话》在日本上映，获得 18.7 亿日元的票房收入，成为当年的票房冠军。

影片改编自冈本莹和刀根夕子根据小学五年级的回忆创作而成的漫画，高畑勋导演在原作的基础上将时间线推后了十几年，创作出了 27 岁的主人公，通过成年的妙子和童年的妙子两条线同时推进展开剧情。

剧情简介：27 岁的妙子跟公司请了十天假，前往姐姐、姐夫所在的山形县享受向往已久的乡村生活。收拾好行囊，27 岁的妙子乘上了开往乡下的电车，跟她一起乘上列车的还有脑海深处 10 岁的妙子。电车到站，前来接妙子的是耿直的乡下青年敏雄，他带着妙子感受乡下的生活与工作，妙子一边感受着田园风光，一边跟敏雄分享童年生活中的点滴往事。不知不觉间妙子的假期即将结束，在返回东京的前夜，奶奶提议妙子与敏雄结婚，妙子听后大惊失色，然而这也让她发觉自己心中对敏雄有着特别的好感，在开往东京的电车上，妙子几经思量，中途下车，带着满满的童年回忆回到敏雄身边。

本片的剧情可以说平淡如水，然而高畑勋导演抓住生活中的点滴小事展开描写，当一件件小事汇聚在一起时，成就了对生活真正的感动。影片最早的策划是“我和我一起去旅行”，也就是青年妙子和童年妙子一起去乡下旅行。影片分两条线同时展开，分别是青年妙子与敏雄在乡下旅行的见闻和童年妙子五年级时生活中的点点滴滴，高畑勋导演对两条线的画面风格做了特别的艺术处理，青年妙子的段落使用偏写实的画面风格，童年妙子的段落使用水彩画的风格。其中童年回忆剧情的展开方式是独具特色的细节描写：去热海泡温泉被热晕；全家人第一次吃稀有的热带水果凤梨时，期待中的香甜与口中酸涩味觉相对比的感觉；在班会上为了午饭是否可以剩菜而全班激烈讨论；邻班男孩告白时尴尬地问出“阴天、下雨天和晴天，你更喜欢哪一个？”；生理卫生课上老师讲到女生来月经时同学的讨论……高畑勋导演用最细致的动作以及表情将这一幕幕小事完美地表现了出来，不需要语言的煽情，仅靠妙子与同学童真的对话与细微的表情就能引起观众的共鸣。这种极具艺术感觉的水彩画风格和细致入微的动作与表情动画渐渐成为高畑勋导演的艺术风格。

《岁月的童话》对刚刚成立的吉卜力工作室有着特殊的意义，可以说影片的成功成就了今天的吉卜力的繁荣事业。众所周知，吉卜力工作室自《风之谷》一鸣惊人以来，后续的几部影片票房成绩都不尽如人意，《天空之城》5.8 亿日元的票房收入一度让宫崎骏导演萌生退意，其后《龙猫》和《萤火虫之墓》这两部电影总共获得 5.9 亿日元的分账收入。[1] 这个成绩面前，如果《岁月的童话》再度失败，也许吉卜力工作室也就止步于此了。那样的话，三人想要用高质量影片打败市场化影片的雄心壮志，改变日本动画业态的努力也将付之东流。

《岁月的童话》得以成功的另一个关键点在于，宫崎骏导演和高畑勋导演

1　[日]铃木敏夫．顺风而起．钟嘉惠译．台北：台湾东贩股份有限公司，2014 年版，第 18 页．

总结之前的经验，认为传统的按照摄制项目招募自由动画人组成剧组的方式不利于影片品质的把控。于是，吉卜力工作室实行改革，从以往的自由动画人中招募了 70 位正式员工，虽然使影片制作成本翻倍，但影片质量也得到了切实的提升。

在这样的关键时刻，高畑勋导演扛住压力尽情发挥，《岁月的童话》拿下了令人惊异的 18.7 亿日元的票房收入，成为当年人们津津乐道的话题。

三、《百变狸猫》

1994 年，高畑勋导演以多摩新市镇建设为背景制作的动画电影长片《百变狸猫》在日本上映，与当年火遍全球的迪士尼动画电影《狮子王》展开了“狸猫”与“狮子”的票房之争。

剧情简介：随着日本城镇化的脚步越来越快，出现了东京一极化的特征，越来越多的人口向东京都市圈流动，政府启动了在东京市附近的多摩丘陵地区削山建设新市镇的计划，伴随着一幢幢高楼拔地而起，原始的自然环境与森林遭到人类的大肆破坏，原先生活在森林里的动物遭受到前所未有的生存危机。

随着生活范围的缩小，食物也越来越少，为了争夺食物，鹰之森和玲之森的狸猫发生大战。在火玉婆婆的点拨下，两派狸猫握手言和，转而将主要目标对准破坏森林的人类。多摩全境的狸猫都集合在一起组成由年纪最大的狸猫鹤龟和尚领导的议会，一起商讨对付人类的办法，最终决定教狸猫变身的方法，让会变身的狸猫去对付人类。学会变身术后，来自鹰之森的激进派代表权太提议向人类发起进攻，并领导一部分狸猫利用变身术制造陷阱攻击建筑工人，造成多人伤亡，它们的行动虽然有一些成效，然而却无法阻挡人类的脚步。权太受了重伤只能卧床养病，其他的狸猫开始利用变身术装神弄鬼吓唬多摩地区的人类，在狸猫的努力下成功地吓跑了一批建筑工人，可是它们很快就发现新的建筑工人源源不断地补充进来，动物们的努力收效甚微，甚至费尽力气变出“妖怪大游行”也没能吓倒人类，反而被游乐场的商人利用，成为自己的宣传广告。对人类的进攻一次又一次失败，权太再也无法忍耐，带着激进派的狸猫扑向人类，结果全部战死，剩下的变身狸猫在实质性领导者正吉的带领下永远地变身成人类，以人的身份生活在建设好的城市中，只在某个夜晚才会变身回狸猫，一起聚在月光下欢快地跳舞。

《百变狸猫》最早的策划是宫崎骏导演提出的，当时吉卜力工作室还有另一个策划《红猪》，宫崎骏导演再三思索，觉得自己还是更擅长把握《红猪》这个类型的题材，于是提议高畑勋导演执导《百变狸猫》。铃木敏夫提到这个影片的策划时说："高畑兄虽然抗议'怎么可以这样'，但最后还是接了下来。"[1]高畑勋导演嘴上虽说不愿意，但内心却对这个题材有着深厚的感情，在他的眼中，这个影片一方面是以动画方式表现的关于多摩市建设的拟纪录片，另一方面也映射着那个新老交替的时代背景下日本人的思想碰撞——把一座山削平建成住宅区，这样一种通过毁坏自然来满足人类居住需求的手段究竟如何评价其利弊？对于这个问题，高畑勋导演站在被毁坏的森林角度给出了自己的答案，森林中的小动物不会就此眼睁睁看着人类的破坏而无动于衷，它们会用自己的方式作出小小的抵抗。

在《百变狸猫》中还隐藏了另外一层情感，那一只只狸猫其实就是东映动画时期的高畑勋、宫崎骏及那段年轻岁月中的伙伴们[2]。片中的狸猫正吉就是高畑勋自己，而权太就是宫崎骏，因为其中很多情节原型就是两人在东映动画时期的经历，所以宫崎骏导演在观看这部影片时，刚看到一半就哭肿了双眼。

《百变狸猫》上映后好评如潮，甚至在法国也备受赞誉，票房成绩也是一路高歌猛进，战胜了《狮子王》，在这场"狸猫"与"狮子"的大战中获得胜利，获得26.5亿日元的分账收入，战胜当年的热门迪士尼影片《狮子王》，成为当年的票房冠军。[3]

四、《我的邻居山田君》

1999年，高畑勋导演执导的喜剧动画电影《我的邻居山田君》上映，影片改编自石井寿一的同名四格漫画。

1 [日]铃木敏夫．顺风而起．钟嘉惠译．台北：台湾东贩股份有限公司，2014年版，第163页．
2 [日]铃木敏夫．顺风而起．钟嘉惠译．台北：台湾东贩股份有限公司，2014年版，第164页．
3 [日]铃木敏夫．顺风而起．钟嘉惠译．台北：台湾东贩股份有限公司，2014年版，第49页．

这是一部非常独特的影院长片，片长104分钟，但是全片并没有基于一个完整的故事拍摄，而是以山田一家人作为电影的轴心，用山田一家人在生活中发生的一些小事组成了一部故事合集。

剧情简介：山田一家共有五口人，爸爸山田隆是一间小公司的普通上班族，有点大男子主义，但是胆小怕事，在家总想拿出一家之主的威严却又被外婆压制；妈妈山田松子是全职家庭主妇，掌管一家人的生计却又时常犯迷糊；外婆山野繁是山田家的土地所有者，年龄虽高但是精力十足，是个心直口快的人；哥哥山田升是一名普通的高中生，学习不思进取，意志薄弱，只求60分万岁；妹妹山田野野子是名普通的小学生，学习成绩不好，但是天性乐观。这一家人普通得不能再普通，每个人身上都有自己邻居家某个人的影子，他们的故事也仿佛就发生在我们身边。"爸爸和妈妈争抢电视遥控器""外婆带爸爸去教训深夜发出噪声的暴走族""一家人逛超市却把野野子弄丢了""妈妈和外婆担心哥哥谈恋爱而偷听哥哥山田升打电话"……一件件的小事就是生活中的点点滴滴，在别人眼里可能就是邻居家的笑谈，然而对山田一家来说就是生活的全部，五味杂陈全在其中，让人欢笑过后还能带着厚重的回味。

《我的邻居山田君》票房收入8.2亿日元，单从公开的数字看，这是吉卜力第一部财政出现赤字的作品。然而抛开票房数字不谈，这部作品在艺术以及制作技术上却是当年的登峰造极之作。

高畑勋导演采用了很有笔触的铅笔画勾线配合水彩着色的画面表现方式，与影片主题相得益彰，同时在人物动作和表情上进行更加细腻的表现，动作细节的表现可谓登峰造极。铃木敏夫在谈到本片的艺术表现力时说："将四格漫画做到这种程度，足见高畑先生的故事架构能力之强。还有动画人苦心创造出的三头身角色的动态，留有余白的淡淡背景……我觉得它作为动画电影，表现力已经登峰造极。"[1]这部作品的艺术表现力获得了各专业组织的认可，其中纽约现代艺术博物馆（MOMA）更是将其收藏，作为永久展品在馆内展出。技术上，本片是吉卜力工作室第一次完全通过电脑绘图技术完成的影片，高畑勋导演为

1　[日]铃木敏夫口述；[日]柳桥闲文本整理．吉卜力的伙伴们：我是这样卖宫崎骏、高畑勋电影的[M]．黄文娟译．北京：中信出版社，2018年版，第97页．

了实现画面的艺术风格，首创让颜色溢出勾线的涂法，借助电脑绘图实现了动画技术的突破。但是，技术的突破也带来了成本的提升，这种涂色溢出轮廓线的方法比起传统的填色方法要多好几道工序，不可避免地造成影片成本的提升。

由于高畑勋导演过去在执导影片时总是会超过计划的制作时间，所以本片的设置计划足足预留了两年的制作周期，而为了支持新技术的探索，预算方面也是做到了20亿日元，加之影片发行的时候正值德间书店遇到债务问题而临时启用了新的发行方，最终导致本片的亏本，这也让心灰意冷的高畑勋导演产生了隐退之意。

五、《辉夜姬物语》

2013年，高畑勋导演执导的最后一部动画电影长片《辉夜姬物语》在日本公映，将动画艺术推向了一个新的高点。

《辉夜姬物语》改编自10世纪初日本最古老的物语文学作品《竹取物语》，传说辉夜姬本是月亮上的神仙，因犯了错被贬到人间，历经人间一世又返回仙界。影片分为三个段落，“辉夜姬的诞生”“求婚难题”“升天归月”，演绎了辉夜姬短暂一生的生活及对人间的思索。

剧情简介：很久以前，有一个竹取老人，他每天上山砍竹子，以竹子编制竹篮、竹笼等器物为生。一天，他和往常一样去山中砍竹子，看见一棵竹笋上发出亮光，他被这棵发光的竹笋吸引，想走近一些一看究竟，这时竹笋一层层展开，里面竟然端坐着一个拳头大的小姑娘。老人将小姑娘带回家交给老伴，没想到小姑娘在老婆婆的臂弯里迅速长大变成一个小婴儿。在老两口的精心抚养下，小姑娘以惊人的速度成长，她天生喜欢乡野的自由，每天与小伙伴一起在山中嬉戏，在田间奔跑。自从抚养了辉夜姬，老人又在竹子中发现了金子和华贵的布匹，很快就积累了一笔财富。老人觉得这些都是上天赐给小辉夜姬的礼物，希望她过上富足的生活，所以带着金子到京城置办房产，一家人搬到了城里生活。

老两口带着辉夜姬住进了城里的大宅，摇身一变成了雍容华贵的富人，三人居住的房子从一间山野小木屋变成了几进几出的大宅，家中还有佣人伺候，

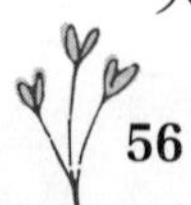

身上穿的衣服也变成了绫罗绸缎，可是经过短暂的兴奋之后，辉夜姬和老婆婆两人发现，物质的富裕并没有带来快乐，反而被各种礼仪与规矩束缚，不能自由自在地生活。两人在大宅的深处建了一间和乡间老房子一模一样的屋子，并且在庭院中种植蔬菜，在这里还原了乡间的生活。

转眼间，辉夜姬长大成人，老爷爷为她办了三天三夜的命名宴席，辉夜公主的名字从此广为人知。各地的名门公子与达官贵人以及皇子都前来求亲，辉夜公主给他们出了一道难题，只要哪位公子可以拿出"蓬莱的玉枝""佛前的石钵""火鼠裘""龙首之珠""燕子的子安贝"这五种至宝就嫁给他，结果五位皇亲国戚的公子想办法仿制了宝贝想欺骗辉夜公主，遭到拆穿之后仓皇逃走。皇帝听说了辉夜公主的事，对她十分感兴趣，想把她娶作妃子，然而皇帝也无法控制住她，这时辉夜姬才将真相告诉老两口，她原来是居住在月亮上的神仙，这个月的月圆之夜就将返回月亮了。

很快，天上的神仙们就驾着云彩来接辉夜姬回月亮，尽管老两口依依不舍，还是到了分别的时候，辉夜姬抹去人间的记忆回到了月亮。

《辉夜姬物语》在动画的艺术效果处理上达到了极致，为了将充满日本古典的鸟兽戏画风格以及现代水彩留白效果的画面用动画的方式表现出来，高畑勋导演在人员配备以及技术研发上做到了极致，影片成本高达 51.5 亿日元，在日本动画电影史上前所未有，相对于 25 亿日元的票房收入可以说是绝对的入不敷出。但实际上，这部影片非常特殊，时隔多年请高畑勋导演重新执导影片的是日本电视台前会长氏家齐一郎，他对高畑勋导演的影片极为喜爱，将《我的邻居山田君》视作世界上最好的一部动画电影，愿意出资协助拍摄这部新作，并且提出"希望临死前能再看一部高畑先生的电影"。铃木敏夫在提到本片的制作时说："说得极端点，与其说这部作品是为一般观众制作的，不如说是为了氏家先生制作的。当然，这当中还有对高畑先生的感激之情，从年龄上考虑，这次恐怕是他导演的最后一部作品了，所以不管花多少时间和金钱，就做到他满意为止，随便他怎么搞。"[1] 可惜的是，氏家齐一郎先生于 2011 年过世，没能

1 ［日］铃木敏夫口述；［日］柳桥闲文本整理．吉卜力的伙伴们：我是这样卖宫崎骏、高畑勋电影的 [M]. 黄文娟译．北京：中信出版集团，2018 年版，第 191 页．

等到本片的上映。

《辉夜姬物语》(制作期长达8年)是吉卜力工作室发表的最长的一部动画，高畑勋导演也确实利用这次前无古人后无来者的机会将自己对动画的艺术追求发挥到了极致。身为艺术家，能够得到足够的资金支持，可以在完全不考虑市场的条件下,完成自己对艺术的追求,《辉夜姬物语》在动画艺术领域绝对是独树一帜的。

第三节　高畑勋的艺术风格研究

一、收放自如的细节表现

高畑勋导演在影片的品质把控方面绝对在全世界都是首屈一指的，在影片质量与效率之间，他从来都是选择前者，以至于《萤火虫之墓》直到公映之日都没有完工,而本来计划与宫崎骏导演的《起风了》一起上映的《辉夜姬物语》也是一再延期，直到影片质量达到预想效果才上映。

高畑勋导演虽然大学毕业就进入东映动画担当导演助理，但是他所学习的并不是绘画相关专业，在动画绘制方面完全是一个外行，然而他却有着独特的艺术鉴赏力，在编剧与镜头的组织方面有着过人之处，他的一大特点就是对细节的把控，在前期脚本设计阶段就把画面的前后衔接、动态关系、位置关系、人物的表情动作乃至树叶花瓣如何飘落及道具、载具如何运动等一切细节考虑周全。在制作《辉夜姬物语》分镜头时，为了保证整个生产流程能够完全符合影片的艺术风格，在分镜头阶段由高畑勋导演先制成基础脚本，再由田边修、笹木信作、桥本晋治、佐藤雅子等人在此脚本的基础上按照田边修设计的笔触风格重新绘制成工作用分镜头脚本。高畑勋导演在动画影片摄制上的经验与宫崎骏导演相比有过之而无不及，他的分镜设计同样细致入微，对流程中的每一个部门都作出了相应的指示。

高畑勋执导的影片中还有一个令人过目不忘的特点，就是他能够深入一切细节展开影片，对角色动作以及角色细微表情的表现，特别是《岁月的童话》《我的邻居山田君》《辉夜姬物语》这三部影片，无论是小学生妙子有生以来第一次吃菠萝时那种难以言表而又弃之不舍的表情，还是邻居家的爸爸和妈妈争夺电视遥控器的明争暗斗，以及辉夜姬公主在樱花树下欢快地旋转，一个个入木三分感人肺腑的表情、一帧帧细致入微的动作绘制都深深地印在观众的脑海之中。

在动画绘制的过程中，最难的就是对这些细节的表现，绘制稍微不到位就会在荧幕上被无限放大，达不到应有的效果，特别是高畑勋导演所追求的这种比较写意的艺术效果。以辉夜姬的动作设计为例，从束发的一组动作就可以看出，关键帧几乎是逐帧绘制的，这样才能完美地表现出辉夜姬的动作以及表情细节。为了实现这样的影片效果，吉卜力工作室甚至专门成立了第七工作室来负责《辉夜姬物语》的制作，从这方面来讲，豪砸50亿日元实现一种艺术效果的高畑勋导演恐怕是再也不会被人超越了。

二、充满民族韵味的艺术表现

高畑勋导演对于动画制作有着有别于其他导演的追求，他更倾心于影片的艺术氛围，着力于角色动作与表情等细节描写，而对整体的影片故事，更喜欢表现原作的韵味，鲜有原创部分。他对中国动画师特伟[1]的水墨动画片惊叹不已，在看到《小蝌蚪找妈妈》一片时大加赞赏，对我国的水墨动画表现出极高的兴趣。

拍摄《岁月的童话》时，高畑勋导演开始明显地从动画的艺术表现和动画技术研究上寻求新的突破，在表现妙子回忆中的童年往事部分使用了水彩画的风格，画面上有大量的留白，仿佛在翻阅绘本故事一般，这种艺术效果很好地加强了动画剧情的表现力。

《我的邻居山田君》是一次大胆的尝试。在此之前，吉卜力工作室因为宫崎骏导演不信任电脑CG技术的关系，一直与电脑绘图绝缘。这次是吉卜力工作室第一次完全使用数字化技术制作完整的动画电影长片，正因为使用了电脑CG技术，才得以实现涂色溢出勾线的艺术效果。影片完美地表现出四格漫画

1 特伟（1915年8月22日至2010年2月4日），原名盛松，出生于上海市，中国动画导演、编剧、画家，上海美术电影制片厂首任厂长。1960年，执导中国第一部水墨动画短片《小蝌蚪找妈妈》。1995年，国际动画学会（ASIFA）授予特伟“终身成就奖”，他也成为首个获此奖项的中国人。

的质感，开放式的轮廓线与溢出的色彩使得画面更加通透，画面中自然的留白与点题的诗歌俳句互相呼应，形成了独特的艺术效果。

《辉夜姬物语》是高烟勋导演艺术风格的极致之作，他在动画电影长片中实现了艺术化的轮廓线和色彩的溢出与留白，完美地将日本传统的鸟兽戏画风格与现代水彩画结合在一起，配合清淡的着色，体现出日本传统的“物哀”与“幽玄”之美，美术监督男鹿和雄先生绘制的概念稿，画面效果与古老的传统故事《竹取物语》相呼应，体现出浓厚的民族韵味。

第四节　高烟勋动画中的技术创新与启示

当今的动画电影市场格局正悄悄地发生变化，小成本、低投入、大回报的影片已经纷纷出局，影片的投入与产出基本成正比的规律显现出来，这也表明面对越来越成熟的市场，想要获得多少回报就必须匹配相应的投入。这里所说的投入包括两个部分：一是资金；二是技术。其中资金投入是固定的，覆盖制作以及宣发等一系列成本，而技术投入是浮动较大的，其价值由动画制作者的艺术修养和技术创新能力组成，恰恰是这一部分的投入，决定了成品影片的质量上限，成为动画导演关注的核心问题。谈到动画技术创新方面投入最多的导演，吉卜力工作室的高烟勋先生必然有一席之地，他所执导的《辉夜姬物语》制作成本达到 50 亿日元，位列日本第一，他把一生奉献给了动画事业，在世界动画电影之林留下了多部佳作，本节借由分析大师的代表作，尝试解读大师所致力开发的动画技术，并结合笔者在动画公司担任制作总监的从业经验，浅谈技术创新与成本控制的关系。

一、高烟勋的传统美学演绎

（一）高烟勋的动画之路

1959 年 4 月，高烟勋入职东映动画，最初的岗位是导演助理，因在工作中表现出过人的才华，很快就获得了独立执导电视动画系列片的机会，从此走上了导演之路。

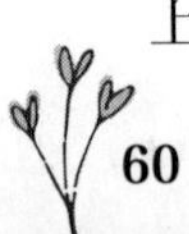

高畑勋并非动画科班出身，也没有漫画基础，是一位不会绘画的导演，但是他有深厚的文学积淀，在编剧与镜头设计方面有过人之处，对艺术有独到的见解。2003年，吉卜力工作室主办的月刊《热风》发刊后专门由他开设了专栏“一幅画开启的世界”，每一期都围绕一幅名画撰写一篇杂文，这个栏目一开就是5年，共刊登了61篇短文。

从高畑勋独立执导的动画片特征上看，大体可以分为两个阶段：第一个阶段是市场化的动画影片，包括《狼少年肯》（1963—1965年）、《太阳王子霍尔斯的大冒险》（1968年）、《阿尔卑斯山的少女》（1974年）、《三千里寻母记》（1976年）、《红发少女安妮》（1979年）、《小麻烦千惠》（1981年）、《大提琴手高修》（1982年）、《萤火虫之墓》（1988年）；第二个阶段是艺术化的动画电影，包括《岁月的童话》（1991年）、《百变狸猫》（1994年）、《我的邻居山田君》（1999年）、《辉夜姬物语》（2013年）。

（二）高畑勋艺术动画中的技术分析

1991年，吉卜力工作室面临创立以来的最大危机，之前公映的三部影片《天空之城》《龙猫》《萤火虫之墓》票房收入都不理想，如果不能摆脱现状，就只能解散了。就在这种背水一战的时刻，高畑勋导演开始在影片中尝试新的艺术风格，在《岁月的童话》一片中同时使用了两种截然不同的设计方案，对故事中的现实和回忆两个部分分别使用两种类型的背景设定和角色设定，特别是回忆部分，抛开吉卜力工作室引以为傲的写实风格，改用背景勾线很淡、画面四周留白的水彩画风格。从技术角度分析并没有做太多创新尝试，但是从艺术角度展开了新的拓展空间。从结果来看，该片创下令人惊异的18.7亿日元的分账收入，这一纪录直到1997年才被宫崎骏导演的《幽灵公主》打破。

1999年，高畑勋执导的《我的邻居山田君》可以说是艺术创作与技术创新的一次大胆尝试。这部影片无论是从画面表现还是叙事方式上都与当时的主流动画电影有着极大的不同，这种“与众不同”的影片通常是学院派设计的实验短片，但是高畑勋导演直接拍了一部104分钟的电影，可谓艺高人胆大。从艺术风格上分析，影片基于石井寿一的同名四格漫画展开设计，保持了当时流行的简笔漫画风格，开放式的背景，四周简约处理或者直接留白，没有太多透视，只用开放式的线条勾勒出家具等元素的外轮廓，角色的勾线使用的是不封闭并且有炭笔质感的艺术化轮廓线，涂色方式使用带有水韵的现代水彩涂色，与轮廓线不完全拟合，风格与背景保持一致，在动画中还原了漫画艺术效果。

影片在技术上有着“革命性”的进步，这是吉卜力工作室第一次完全使用电脑绘图技术来制作动画电影，要知道宫崎骏对使用电脑代替传统手绘方式制作动画电影是非常抵触的，甚至后来在制作《哈尔的移动城堡》时，觉得使用电脑 CG 制作的动画生硬而把已经做了一半的动画撤下重新手绘。只有高畑勋导演一直致力于动画技法的创新，对电脑 CG 技术的发展十分敏感，利用电脑绘图技术实现了影片中那种炭笔画的不封闭勾线，以及涂色溢出勾线的处理。

新技术的开发必然需要投资的支撑，《我的邻居山田君》的预算达到 20 亿日元，抛开发行与宣传的经费，纯用在制作上的经费也是惊人的。从技术上分析，最耗人工的应该是以下两个部分：首先是轮廓线的处理，主流的轮廓线是闭合且粗细均匀的，这样能把出错的概率降到最低，可以通过增加原画师来提高效率，但是面对本片中这种不闭合且具有炭笔画的不均匀形态的勾线来说，实际上是非常考验原画师的动画功底的。影片的漫画角色看似简单，轮廓线也比较少，但是放到动画里就会有一个大的问题，多帧画面连续播放时轮廓线会不自然抖动，想要避免这种问题只能反复修改，这样时间成本上升了。第二个难点是动画填色，这个问题也是从艺术化的轮廓线衍生出来的。对于闭合的轮廓线，填色是很简单的，很多大的动画公司会把填色的工作外包到人力成本低的地区去做，因为这个工作只需要对着色指定稿将颜色填充到轮廓线勾好的区域就行，对要求不高的动画连续剧，甚至不需要绘画功底就能胜任。但是对本片中这种开放式的轮廓线以及艺术化的着色就是另一个概念了，颜色的外沿处理不好同样会导致动画抖动，没有一定的水彩画功底是做不了这个工作的，即使是熟练的动画艺术家，也需要一帧帧反复修改才行。综合这两个环节来看，判断《我的邻居山田君》这部影片的工作量是普通动画电影的三倍到四倍一点都不为过，观众眼中看到的是如此简单的画面，但是背后包含着的动画人的付出是难以想象的。

《我的邻居山田君》导致吉卜力工作室财政赤字之后，高畑勋便不再执导

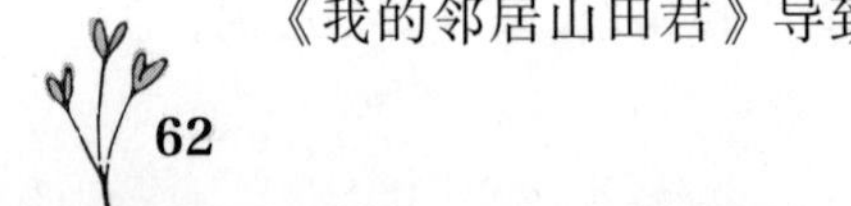

动画长片,直到日本电视台前会长氏家齐一郎提出资助他再拍一部电影的计划。高畑勋导演时隔十四年后于2013年推出自己的最后一部动画电影《辉夜姬物语》,1423个镜头、作画237858张、上映时长137分17秒04,将日本传统的“物哀”与“幽玄”之美表现到极致,为自己的艺术追求画上了一个圆满的句号。

《辉夜姬物语》的概念设计采用了与中国水墨画相似的写意传统绘画风格,追根溯源的话,角色与动物设计更接近日本古代绘画中的鸟兽戏画,背景设计则融合了日本画的元素和现代水彩描摹的质感。勾线使用的是不闭合、不均匀的毛笔笔触,着色使用的是与勾线不拟合的水彩涂色,颜色相对于勾线从艺术效果考量或有留白或有溢出。其中影片51分30秒到52分50秒,辉夜姬从自己的命名宴会上逃出狂奔的一段画面,大胆地使用了类似书法中狂草的线条笔触,用狂乱的毛笔质感笔触表现辉夜公主内心的不安与向往,堪称经典。

从技术上看,《辉夜姬物语》使用的技术难点主要有以下三个:

第一,使用了写意的传统日本画风格,这应该是最难处理的技术问题。虽说动画与传统绘画可以放在同一个大的艺术门类之下,但是绘画技法与要求是完全不同的,所谓隔行如隔山,想要动画师完全掌握这种绘画技法几乎是不可能的,特别是这种古代绘画流传下来的肯定都是大师级别的佳作,想要模仿都很困难,更别说还要考虑动画动作帧与帧之间的衔接问题并且绘制成序列帧。本片的原画师滨田高行在接受NHK电台采访时就说:“《辉夜姬物语》的画,粗略一看好像谁都能画,但是再认真看看的话,就会发现这个绝对画不了,果然画工和意境都很厉害。”[1]就连吉卜力工作室的一流原画师都觉得很难复刻,只可能尽力模仿。

第二,毛笔笔触的勾线和对应的不闭合涂色,这两项技术是在《我的邻居山田君》影片制作的时候就已经实现了的新技术,但是由于影片风格的关系,角色动作并不复杂。在《辉夜姬物语》中增加了大量细腻的角色动作和表情表现,哪怕是一个婴儿的翻滚动作都是逐帧绘制的,这直接导致作画数量的提升,可以说难度至少比《我的邻居山田君》翻一倍。在动画影片的制作中,有时候为了节省成本,会设计一些夸张的角色动作,加快角色运动的速度,在保证影

1 内容出自吉卜力工作室出品的纪录片“高畑勋制作《辉夜姬物语》933天的传说”。

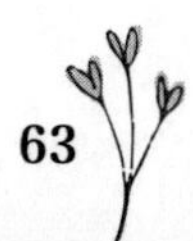

片效果的同时也有效地减少了作画的数量，可以一拍二甚至一拍三，而《辉夜姬物语》中这种细微动作的表现则需要绘制更多的关键帧，可谓业界良心之作。

第三，为了保持画面的艺术风格，《辉夜姬物语》镜头的绘制是角色与背景不分层的，这样的绘制能够保持画面的意境，但是对动画师而言可以说是最大的挑战，绘制的过程中没有讨巧的地方，只能一帧一帧绘制完成，绝对是一个巨大的工程。而从吉卜力工作室公布的制作过程来看，一帧画面的完成需要经过“脚本”“设计”“原画”“美术”“分层涂色”“摄影合成”六个步骤，而从合成分层情况来看，至少需要分“轮廓线”“涂色”“纹理”“明暗遮罩”“边缘晕色”“背景”六个图层，考虑到每个步骤与每个分层都需要很厉害的动画师来完成，可以说这已经不是简单的技术创新，而是专门的技术团队建设，这也就解释了为什么吉卜力工作室为了拍摄此片而单独成立了一个第七工作室。

综合以上三个技术难点来看，足以见得这部作画数量达到 237858 张的《辉夜姬物语》堪称空前绝后[1]，相信如果不是日本电视台前会长氏家齐一郎先生雄厚的资金支持，吉卜力工作室也没有胆量拿出 50 亿日元的预算让高畑勋导演尽情发挥，在动画技术创新的道路上又达到一个新的高峰。一直把高畑勋导演视为一辈子友人及竞争对手的宫崎骏导演对此片也是赞叹不已，对于高畑勋导演的创新精神赞叹有加，认为《辉夜姬物语》已经做到了极致。他评价说：“高畑兄一直以来都在创造日本动画。”[2]

二、高畑勋动画技术创新对国产动画的启示

（一）要有技术创新的勇气

如今的动画电影市场竞争异常激烈，无论是日本还是中国，面临的都是一个开放的市场，不仅有本土的竞争对手，还要面对来自欧美动画巨制的冲击。我国看似拥有世界第二的荧幕数量，但是这些票房并不是平均分配的，而是一边倒地倾向市场反映好的影片，市场需求小的影片根本排不上场次，在这样的环境下，动画导演更需要有勇气，不断挑战创新动画技术，创造影片的刺激点，

1　[日]吉卜力工作室．The Art of the Tale of the Princess KAGUYA．株式会社德间书店，2014 年版，第 11 页．

2　[日]铃木敏夫．顺风而起．钟嘉惠译．台北：台湾东贩股份有限公司，2014 年版，第 355 页．

形成导演的风格标签，才能在市场中形成号召力。通俗来讲，也就是提到某一导演就立刻能联想到他创造的动画技术，比如高畑勋导演的艺术化动画技术、新海诚导演“精美如壁纸”的浪漫写实背景技术、大友克洋导演的超级写实风格等。

大体来说，这一方面也是当今我国动画电影行业最应该学习的，每一部原创动画影片的制作都应该将适配影片艺术特征的技术研究纳入前期准备环节，这样虽然会增加影片的成本。但是一步一个脚印慢慢积累，才有可能将真正的技术核心掌握在自己手中。

（二）要有固定的创作团队

吉卜力工作室之所以能够取得今天的成绩，跟宫崎骏、高畑勋这两位创始人的创作理念密不可分，宫崎骏导演在 Animage 杂志上刊载招募新动画人的通告时写道：“用低成本低质量来应付，动画电影是没有未来的。更何况观众也迫切想要看到更多优秀的作品！有一点我可以保证，只要是用心制作出来的电影，即便不卖座，假以时日也一定能收回成本！这是我们的信念。”[1]

向着提高制作质量的目标，吉卜力工作室做了三个至关重要的决定：第一，改变剧组制的运营方式，从过去按件计酬召集的自由动画人中筛选出水平高的部分人员转为正式员工，形成稳固的制作班底；第二，招募培养新人，这是为团队做长远规划，如果一直招募有经验的自由动画人负责制作，效果的确是立竿见影，但是从长远看，缺少新鲜血液的融入必然会造成整个行业的老龄化，最终走向衰败；第三，引进铃木敏夫负责的市场与发行部门，电影毕竟是要经历市场的考验的，从《天空之城》《龙猫》《萤火虫之墓》惨淡的票房收入中，吉卜力工作室总结出，单是制作出质量好的电影是远远不够的，必须有一支强劲的市场与发行队伍负责将影片推向市场，只有盈利才能保证团队的长远发展。

对于国内正值起步阶段的动画公司而言，聘用固定的设计师组成制作团队，也就意味着成本的翻倍提升，不仅是员工的工资，而且会产生保险与福利费用，场地费、管理费用以及日常消耗也在成倍地往上翻。但是相应地，影片质量的

1 ［日］铃木敏夫口述；［日］柳桥闲文本整理．吉卜力的伙伴们：我是这样卖宫崎骏、高畑勋电影的[M]．黄文娟译．北京：中信出版集团，2018年版，第30、31页．

把控得到了很好的保证，对于国内以外包为主的制作方式而言，是一个很好的改进方向，只有团队稳定才有可能尝试连续不断地创新动画技术，以《辉夜姬物语》为例，如果不是在《我的邻居山田君》所积累的制作经验下独立设置一个工作室专门负责执行影片的制作，仅靠外包团队是不可能完成这种独特动画技法的艺术化影片制作的。

公开招募与培养动画新人这一步，在现在看来确实是高瞻远瞩，随着宫崎骏、高畑勋这一批动画导演的老去，日本已经很少有新人导演坚持做原创动画，依然还在坚持的导演几乎都经历过吉卜力工作室的洗礼，虽然当年的新人如今已另立山头，但是从全行业来看，确实起到了薪火相传的效果。对于发展中的中国动画公司来说，应该强化提前培养新人的意识，因为动画导演的创作周期几乎是固定的，一位导演在其黄金创作年华能完成五到六部影片已经很厉害了，只有不断地培养动画新人，为行业注入新鲜血液，才能生生不息。

从铃木敏夫与高畑勋、宫崎骏导演之间的关系，还可以得到一个重要的启示，就是动画公司的制作部门和市场发行部门必须有机结合，只有既懂得市场运作与发行公关又懂导演创作初衷的人来执掌影片的推广与上映，才能保证票房与影片的衍生收入，并且能够将市场反馈的信息准确传达给导演，帮助导演按照市场需求开展技术创新。

（三）投入与产出的界定

对动画影片制作中的投入与产出的界定，吉卜力工作室的三位决策者有着一致的信念，那就是在影片质量上绝不向成本妥协，高质量、高成本，只要影片质量过硬，假以时日必能收回成本。在这个信念的基础上，对一部影片的评价绝对不会仅以票房下定论。这样的信念表明吉卜力工作室从一开始就不是以拍影片赚快钱为目的，而是做好了长远规划准备建立自己的动画王国。时至今日，吉卜力工作室已经在这个信念之下制作了 24 部动画电影长片，用一个个生动活泼的动画形象打造出实力雄厚的动画王国，目前在东京都三鹰市建立了三鹰之森吉卜力美术馆，位于爱知世博会原址的“吉卜力乐园”于 2022 年 11 月 1 日开园。这时回过头再看《龙猫》《天空之城》《萤火虫之墓》《我的邻居山田君》等黯淡的票房，与它们组成动画王国所衍生出的价值相比根本不值一提。

结合高畑勋导演坚持创新，严把质量关，放眼未来打造动画王国的经验来看，最值得我国动画行业借鉴的就是格局意识和对动画艺术、技术不懈追求的勇气与恒心。在投入与产出的问题上，应该避免唯票房论，敢于投入成本进行动画技术创新，严格控制影片品质，打造极具特征的动画形象，力争创建属于自己的动画王国。

第四章 细田守

第一节 细田守简介

细田守（Mamoru Hosoda），1967 年 9 月 19 日出生于日本富山县，毕业于金泽美术工艺大学工艺学部美术科油画专业，日本著名动画导演。

细田守小学时的梦想就是当动画电影导演，吸引他走上动画导演之路的是《银河铁道 999》（1979 年林太郎导演）和《鲁邦三世：卡里奥斯特罗之城》（宫崎骏导演）。

细田守大学期间加入了电影社团，与同学们一起组成小剧组，拍摄了几部电影短片，更加坚定了与团队一起合作拍摄电影的理想。

1991 年，细田守入职日本东映动画公司，成为一名负责绘制中间帧的动画师，此外还参与协助了很多导演的作品，如执导《圣斗士星矢》（1988）和《龙珠 Z》（1993）剧场版的山内重保导演以及执导《美少女战士》（1992）和《少女革命》（1997）的几原邦彦导演等，从不同导演身上学习并且领悟到了自己的动画理念。

细田守在东映工作期间执导了两部剧场版数码宝贝《光丘事件》《我们的战争游戏！》以及《海贼王：狂欢男爵与神秘岛》等影片，崭露头角。

2000 年左右，吉卜力工作室掀起了“应该启用高畑勋和宫崎骏之外的导演挑战新电影！”的热潮，四处寻找青年导演，细田守接受吉卜力工作室的邀请，经铃木敏夫联系东映动画借调到吉卜力工作室后，在三鹰市租了间公寓作为工作地点，成为《哈尔的移动城堡》的导演，开始前期策划以及分镜绘制工作。可惜由于当时吉卜力工作室同时忙于《千与千寻》的制作和三鹰之森吉卜力美术馆的建设，实在分不出人手协助细田守导演，最终导致双方不欢而散，宫崎骏导演接手《哈尔的移动城堡》后将原有的分镜全部推翻重新绘制，细田守导演重新回到东映动画。

2005 年，细田守离开东映动画成为自由导演。

2006 年，执导改编自筒井康隆同名小说的《穿越时空的少女》，获得第 30 届日本电影学院奖最佳动画电影奖。

2009 年，执导科幻动画《夏日大作战》，票房与口碑双丰收，获得第 33 届日本电影学院奖最佳动画电影奖。

2011 年，细田守导演与制作人斋藤优一郎共同创立动画制作公司 STUDIO 地图工作室，成为日本动画界的一支新兴力量。

2012 年，挑战动画史上从未有过的母亲主题，执导《狼的孩子雨和雪》掀起观影高潮，获得每日映画动画映画奖、文化町媒体艺术节动画部门大奖以及横滨映画祭审查员特别赏等奖项，继《穿越时空的少女》《夏日大作战》之后第三次获得东京动画节“年度动画奖”。[1]

2015 年，执导《怪物之子》，入围第 63 届圣・塞巴斯蒂安国际电影节主竞赛单元，获第 39 届日本电影学院奖最优秀动画作品奖以及第 25 届日本电影评论家大奖动画部门作品奖。

2018 年，执导《未来的未来》，获第 71 届戛纳国际电影节导演双周单元提名，获第 42 届日本电影学院奖最佳动画片奖、第 46 届动画安妮奖最佳独立动画片。

2021 年，执导《龙与雀斑公主》，获洛杉矶影评人协会奖最佳动画片。

细田守是一位从动画生产流程最底层打拼出来的导演，在多年的中间帧绘制工作中接触了不同风格的导演，进而总结出属于他自己的导演理念。他性格谦和，喜欢聆听，善于听取他人的意见，不像一位锋芒毕露的艺术家，在早年并不被人看好，但是他始终坚持原创动画，取得了令人瞩目的成绩。

第二节　细田守代表作研究

一、《穿越时空的少女》

细田守执导的《穿越时空的少女》，改编自筒井康隆在 1967 年出版的同名

1　日本日经娱乐编．细田守：探寻动画新大陆的地图．贾耀平译．北京：北京出版集团公司，2018 年版，第 16 页．

小说，原著是在《学习》杂志上连载的面向少男少女的经典幻想系列。曾被改编为 NHK 电视剧《时间旅行者》（1972 年）以及由大林宣彦执导、原田知世主演的同名电影（1983 年）。本片于 2006 年 7 月 15 日在日本上映，最初上映时只有 6 个场馆放映，然而上映后电影的魅力征服了观众，口碑迅速提升，最终总计在 100 多个场馆上映，票房成绩惊人，《穿越时空的少女》也因此成为传说级别的经典影片。

影片简介：性格直爽、充满活力的高中女生绀野真琴偶然间获得了穿越时空的能力，放学路上她一如既往地骑着自行车沿坡而下，由于刹车失灵而飞速撞向行进中的电车，这时穿越时空的能力第一次发动，把真琴送回事故发生之前，惊魂平复后她发现只要纵身高高跃起，就会穿越时空来到过去的某个时间点。她对自己突然得到的这个超能力兴奋不已，在各种小事上一次又一次地尝试着，回到考试之前在卷子上填上正确答案、抢在妹妹之前偷吃冰箱里的布丁等。

真琴和同班的男生间宫千昭以及津田功介是死党，三人放学后经常一起打棒球，实际上三人之间各自有着小心思，真琴希望三人永远都不表露对彼此的感情，就这么暧昧下去，功介和千昭互相考虑到对方的感受，也不愿贸然向真琴表白，三人间的感情就此保持着微妙的平衡。直到一位学妹向功介告白，推动三人的关系开始运转，千昭觉得功介有了女朋友便趁机向真琴表白，真琴慌乱之间决定穿越时空挽回三人的关系。

在时空中来回穿梭的真琴，终于安排千昭和好友早川友梨、功介和学妹藤谷果穗成功交往，却发现自己其实是喜欢千昭的，同时也发现自己只能最后一次穿越时空了，失落的真琴鼓足勇气穿越回了一切的起点。

《穿越时空的少女》虽然是基于同名小说创作的，但其实细田守导演改编的幅度非常大，故事发生的背景是原作时间点的 20 年之后，主角也从芳山和子变成了高中女生绀野真琴，大胆地把昭和时代背景的故事改编到了当下的社会。影片表达的主题看似是穿越时空的超能力，实际是讲青春期少男少女之间朦胧的感情故事。细田守导演紧紧抓住“青春”这个关键词，成功地表现出高中男生女生细腻的情感变化，让观众在观影时不经意间回忆起自己的青涩年华。在电影发布的记者会上，原作者筒井康隆也盛赞“它是真正意义上的第二代《穿越时空的少女》”[1]。

细田守导演在动画技术的应用上也极具特色，影片中尝试将三维动画与二维动画结合在一起，获得了非常好的画面效果。“同角度镜头”反复拍摄的技法与女主角来回穿梭时空的剧情相得益彰，而片中关键节点上出现的三岔路口以及厚重的积雨云也都暗示着情感的变化，这种通过画面深入人物内心的表现方式极具个人特征。

二、《夏日大作战》

自《穿越时空的少女》获得成功之后，细田守导演的知名度飞涨，在创作中获得了更多的资源支持，无论是制作人员还是发行公司都有了质的提升，其中日本电视台的加入使得影片的宣传和票房方面取得的提升最为明显，2009 年 8 月，《夏日大作战》在日本上映，41 天观影人数突破 100 万人，票房高达 16.5 亿日元，成为当年的热门影片。[2]

影片简介：在当时的世界，名为“OZ”的网络虚拟平台风靡全球，全世界的人们在 OZ 中齐聚一堂并且畅游其中，利用电脑、电视或者手机就可以轻松登录其中，OZ 已经成为人们生活的一部分。高中生数学天才小矶健二被自己崇拜的学姐筱原夏希以打工之名邀请到乡下祖母家参加生日宴会，原来夏希家是古时候室町时代延续至今的武士家族，有数不清的亲朋好友。夏希因为答应祖母要带男朋友回来给她看才以打工的名义雇佣健二陪她来见祖母，一家人正为了生日宴会忙得不可开交。

与此同时，与现实世界密不可分的虚拟网络世界 OZ 因为人工智能 LOVE MACHINE 的闯入而一片混乱，人工智能先盗取了健二的账号到处恶作剧，后又通过不断吞噬其他账户变得异常强大，就连 OZ 中最厉害的 KING KAZMA 也被打败，整个虚拟世界一片混乱。LOVE MACHINE 吞噬了越来越多的账号，同时连锁反应到现实世界，连军方的武器系统也受到波及。危难之际，健二与夏希武士世家的亲戚们一起展开了对抗人工智能 LOVE MACHINE 的大作战。

1 日本日经娱乐编．细田守：探寻动画新大陆的地图．贾耀平译．北京：北京出版集团公司，2018 年版，第 176 页．

2 日本日经娱乐编．细田守：探寻动画新大陆的地图．贾耀平译．北京：北京出版集团公司，2018 年版，第 179 页．

不过，尽管大战在即，他们依然认为亲戚朋友就应该坐在一起吃饭，然后群策群力守望相助，一起为了保护家人而战斗。

细田守导演最大的特点就是会从身边生活中汲取创作灵感，通过作品表现出对生活的理解，《夏日大作战》的灵感来源于他结婚后跟妻子一起回长野县上田市的岳父岳母家里，见到很多亲戚的感想。

影片在制作上使用了三维渲染二维的技术，OZ 世界中的剧情是利用三维软件完成的，配合卡通渲染技术形成的类似二维动画的画面效果，这样做最大的好处是能保证流畅的打斗动作和炫酷的战斗特效。细田守导演执导数码宝贝剧场版所积累的经验在此发挥得淋漓尽致，唯美的武士家族夏日田园风光和虚拟直接的华丽流畅的战斗动作交织在一起，既有浓浓的亲情又有热血的战斗激情，为观众创造了一场令人着迷的视觉盛宴。

这部影片的大获成功也把细田守导演推向一流导演的舞台，闻名海外。第二年夏天，日本电视台在《周五 ROAD SHOW!》栏目中进行了《夏日大作战》首次电视播放，关东地区收视率达到 13.1%。[1]

三、《狼的孩子雨和雪》

2012 年，细田守导演挑战动画史上第一部以“母亲”为主角的原创动画——《狼的孩子雨和雪》大获成功，掀起观影狂潮，斩获 42.2 亿日元票房。

剧情简介：影片以狼的孩子小雪口述展开伟大的母亲——花独自抚养两个孩子长大的故事。花在大学时代爱上了偷偷跑进教室听课的男子，两人迅速坠入爱河，男人告诉了花他的秘密，原来他是日本最后一个狼人，在月圆之夜会变身成狼。得知狼人秘密的花依然决定跟他组成小家庭，两人很快就有了爱情的结晶，女儿小雪诞生，第二年弟弟小雨也出生了，狼爸想要变身成狼去捕猎野鸡给花吃，却不慎坠入河中淹死了，花决定一个人抚养两个孩子长大。

两个狼孩不需要等到月圆之夜才能变成狼，而是随时都可以变身，这让母子三人的生活充满了困扰，变成狼的孩子随时有可能被邻居发现。狼爸留下的存款已经不多，也不能支撑三人在城市生活，于是花带着两个孩子来到乡下偏

1　日本日经娱乐编．细田守：探寻动画新大陆的地图．贯耀平译．北京：北京出版集团公司，2018 年版，第 180 页．

远山村租下一间破旧的老宅生活，在这里没有太多的目光注视，不怕两个孩子变成狼时被人发现，唯一的问题是如何种植作物维持生计。在热心邻居和韭崎爷爷的教导下，花成功种出了各种作物，在乡下开始了稳定的生活。眼见两个孩子到了上学的年龄，小雪对学校充满了好奇，小雨却并不喜欢学校，在与同学们相处的过程中，小雪越来越文静，爱好与举止越来越像女孩子，身上的兽性渐渐消失。小雨则表现出对大自然的无限向往，经常逃课到妈妈上班的自然体验馆玩耍。小雪上四年级时，已经交到了很多朋友，也几乎不再变身成狼；而小雨每天都不去学校，反而一个人跑进山里跟狐狸老师一起学习如何在山里生存。

一个暴风雨来临的日子，老狐狸受伤而亡，小雨终于下定决心选择永远变身成狼，代替老师守护这片森林。第二年，小雪升入中学离开了家住进学校，伟大的母亲花就这样用 13 年时光守护着两个狼孩自由成长。

《狼的孩子雨和雪》是日本动画史上少有的以母亲作为主角、以母子关系为主题、以现实手法来描述“养育子女”问题的影片，片中很多细节耐人寻味而又令人忍俊不禁，特别是两个孩子任性地随意在狼和人的形态之间切换，顽皮时变成狼拆家，乖巧时变成人撒娇，令有养育子女经验的观众感同身受，产生共鸣。影片的创意来自细田守导演所擅长取材的日常生活，同时结合狼人的魔幻设定，一方面有普通人一生中都可能经历的境遇和感受，另一方面又有引人入胜的奇幻情节，给人带来特殊的感受。

为了能创作出这样一部与众不同而又温馨感人的影片，背后的团队力量绝对是功不可没的。2010 年 4 月，为了更好地制作影片，细田守导演和著名制作人斋藤优一郎一起成立了 STUDIO 地图工作室，请来了以《第八日的蝉》获得第 35 届日本电影金像奖最佳剧本奖的奥寺佐渡子为编剧，人物设定交由主刀《新世纪福音战士》角色设计的大师贞本义行。

《狼的孩子雨和雪》观影人数超过 344 万人，上映年度票房累计 42.2 亿日元，超过好莱坞大片《复仇者联盟》，被称为“次代吉卜力之作”。细田守导演首次创作的电影同名小说发行量突破 50 万册，另外在海外 45 个国家和地区公映，获得了巨大的成功。[1] 细田守导演和他的 STUDIO 地图工作室名声大噪，在业界摆出了追赶吉卜力工作室的架势。

四、《怪物之子》

2015 年 7 月 11 日，细田守导演的原创动画电影长片《怪物之子》正式公映，首映日在 450 多家场馆上映，达到日本电影史上最大规模。

剧情简介：熙熙攘攘的东京涩谷街道，穿过不知名的小巷，与之相连的是平行存在却又互相影响的怪物世界“涉天街”。由于大宗师兔子就要转世，他的两个弟子熊彻和猪王山成为下一任宗师的竞争对手。熊彻虽然拥有强悍的力量，但是性格大条，不懂得表达感情，所以大宗师给他立了条规矩，必须收到徒弟才能和猪王山竞争。熊彻在怪物世界收不到徒弟，于是跑到涩谷街头把逃出家门的男孩莲带回了“涉天街”。

莲自幼父母离婚，跟着母亲生活，没想到母亲遇到车祸身故，独立好胜的莲不想被亲戚收养，一个人逃出家门想去寻找生父却流浪在涩谷街头，被熊彻带回了怪物世界，还安上了一个属于这里的名字——九太。两个性格都要强而独立的人，虽然一见面就争吵不停，但是内心却慢慢产生了牵念，两人一起修行，一起探访名师，不知不觉中两人的关系变得如同父子一般。

很快九太成长为一名 17 岁的少年，在他的帮助下，熊彻的名望越来越高，前来拜师的年轻怪物在家门口排起了长龙。九太无意中发现了通往涩谷的小路，偷偷跑回人类世界，然而此时他才发现自己已经无法跟上世界的变化，想要通过书本了解世界的变化却发现自己只有小学的识字能力。在热心女孩枫的帮助下，九太很快赶上了学习进度，重新拾获在人类世界生存的信心，甚至连失散已久的生父也找到了。他重新回到“涉天街”，发现大宗师兔子即将转世，熊彻和猪王山走进了决斗场开始了宿命的对决。

沿着细田守导演创作的一贯风格来看，不难发现，影片表面上讲的是怪物世界与人类世界交织的奇幻故事，但实际上讲的却是父子关系，讲的是一个男孩的成长故事，成长过程中的点点滴滴与怪物世界纠缠在一起，总能让观众在

1 日本日经娱乐编．细田守：探寻动画新大陆的地图．贾耀平译．北京：北京出版集团公司，2018 年版，第 200 页．

感同身受的过程中悲喜相交。《怪物之子》从头到尾在探讨的，是现代社会中的父母与子女的关系，熊彻与九太一对冤家父子、九太与生父重新找回失去的家庭、猪王山夫妻与两个孩子的完美家庭、身上背着父母沉重期待的枫……一个个家庭的悲喜穿插在熙来攘往的涩谷街头与“涉天街”的怪物世界。男孩最终长大成人，不惧内心的恐惧接受父子的亲情，认清身背的责任，战胜了镜中的自己，完成了救赎。

《怪物之子》是细田守导演原创的故事，制作团队尽揽精锐，作画监督山下高明和西田达三是出身东映动画的业界知名专家，美术监督是从吉卜力工作室请来的大森崇、高松洋平、西川洋一，三人都是表现活跃的实力派，自《狼的孩子雨和雪》一片就开始合作的新生代青年音乐家高木正胜为本片制作了恢宏的配乐，役所广司、宫崎葵、染谷将太、广濑铃、宫野真守组成的配音阵容可谓豪华。

《怪物之子》最终票房为58.5亿日元，在2015年上映的日本国内电影中票房排名第二，再度掀起观影狂潮，成为当年的热门话题。

五、《未来的未来》

2018年，细田守执导、STUDIO地图工作室制作的动画电影《未来的未来》于5月16日在法国戛纳电影节上映，7月20日在日本上映。

该片获得第91届奥斯卡金像奖最佳动画长片提名、第71届戛纳国际电影节导演双周单元提名、第46届动画安妮奖最佳独立动画片，在国际上获得了高度肯定。

影片简介：4岁男孩小君与爸爸、妈妈、黄狗小悠在风景优美的横滨市过着平静的生活，妹妹未来的诞生、爸爸辞去固定工作转而在家从事自由职业、妈妈因为公司的前辈休产假而被迫提前回到工作岗位，这些变化逐渐打破了家庭关系的平衡。尤其是妹妹未来的出现，占据了爸爸妈妈的大部分精力，使得年仅4岁的小君感到自己被忽视和冷落，他只有通过不断地制造麻烦来引起大家的注意，对于妹妹更是产生了莫名的厌恶，甚至生气地用自己的玩具火车去砸妹妹。

正在父母忙得焦头烂额之际，小君的奇遇也展开了，先是撞见变成人形的黄狗小悠，接着遇到了来自未来的妹妹，兄妹两人和变成人形的小悠一起为了收好女儿节玩偶而展开秘密行动。在来自未来的妹妹的指引下，小君慢慢厘清了家人之间的亲情羁绊，最终接受了妹妹未来，一家人再次找到了生活的平衡点。

《未来的未来》对于细田守导演来说，是一部非常私人化的电影，从取材的角度来看，甚至可以说有一点任性，整个故事的灵感来源于自己养育两个孩子以及宠物狗的体验。创作的思路依然是指向引起观众的“共鸣”，以寻找家族的历史为目标展开跨越过去和未来的冒险。影片创作中还暗藏了一大亮点，就是把主角小君设定为电车迷，通过小君的各种 JR 电车玩具引起电车迷观众的共鸣，对于热爱 JR 电车的观众来说绝对是一场视觉盛宴。

这种寻找共鸣的创作风格对从《穿越时空的少女》时代就喜爱细田守导演的观众来说无比亲切，可以抓住稳定的观众群，但是对于新的年轻观众而言，这个主题就显得过于成熟，缺少新鲜与刺激感，该片最终取得了 28 亿日元的票房收入，没能在票房成绩上更进一步。

六、《龙与雀斑公主》

细田守导演在《未来的未来》获得奥斯卡金像奖最佳动画长片提名之后，信心倍增，拿出自己所有的绝活，执导了《龙与雀斑公主》，于 2021 年 7 月 16 日公映，这也是他的 STUDIO 地图工作室创立 10 周年纪念日。

影片简介：影片在现实世界与拥有 50 亿用户的虚拟世界 U 中同时展开。女主角小铃在儿童时期目睹了母亲因救落水儿童而发生意外去世后，性情大变，不但与父亲产生了巨大的隔阂，同时丧失了歌唱的能力，整个人失去自信，仿佛活在阴冷的灰色地带。为了帮助她恢复自信，好朋友弘香带她进入了虚拟世界 U，这个网络世界如同元宇宙一般，可以赋予用户唯一的虚拟身份，可以让用户在这个虚拟的世界里“再活一次”。小铃以 Belle 之名，进入元宇宙 U 的世界中开启了新的人生，并且在弘香的帮助下，成为最著名的歌星。

Belle 举行演唱会之际，一个名叫龙的怪物闯进了会场，龙与追捕者 Justice 一番大战之后冲出音乐会场馆潇洒离去。Belle 被龙深深吸引，开始在现实与虚拟世界之间探寻龙的真实身份，最终小铃走出了现实的阴霾，以真实身份代替 Belle 在虚拟世界唱出动听的歌曲，而龙也被她感动，在现实世界与小铃相遇。

《龙与雀斑公主》这部影片时长两小时，几乎集成了细田守导演的所有标签，同时还致敬了迪士尼经典动画《美女与野兽》，可以说是细田守和他的 STUDIO 地图工作室倾尽全力的极致奉献。

1. 暧昧的青春主题

2006 年《穿越时空的少女》大获成功之后，细田守导演就一直依照自己对生活的体验展开创作，主题也从高中时代青涩的暧昧情感转变为初为父母—养儿育女—家庭关系的亲情主线。而《龙与雀斑公主》再次回归校园，以细田守导演最擅长的高中生视角展现细腻情感，剧中角色的微表情设计、剧情的前后细节呼应以及熟悉的“同角度镜头”反复拍摄技法，把青春期少男少女的心理活动表现得淋漓尽致。

2. 两个世界的交互冒险

《龙与雀斑公主》中的元宇宙世界 U 就是进化了的《夏日大作战》中的 OZ 网络世界，从故事中可以看到，最大的进化在于可以将现实与虚拟世界的感官相连，真正实现在虚拟世界中展开新的人生。从虚拟世界的视觉展现来看，借助更好的硬件设备和制作技术，STUDIO 地图工作室所打造出的 U 世界可以说达到了视觉上的极致体验，尤其是片中 Belle 站在鲸鱼背上歌唱的一幕，无论是优美的歌曲还是惊艳的画面特效，都令人赏心悦目。

3. 致敬迪士尼经典

《龙与雀斑公主》中的女主角小铃和男主角龙，对应的就是迪士尼经典动画《美女与野兽》中的 Belle 与野兽。影片中的小铃在调查龙的现实身份过程中，逐渐接触到龙的内心，感受到他的痛苦以及所传达出的求救声，这一过程与《美女与野兽》颇有相似之处。而这一段情节的视觉表现，细田守导演画风突转，使用近似 1991 年迪士尼动画《美女与野兽》的画风，向经典致敬。而片中 Belle 与龙在虚拟世界中翩翩起舞的一幕，无论是构图还是运镜都与《美女与野兽》中 Belle 与野兽在金色大厅跳舞的经典画面交相呼应，令人脑海中不自觉地响起“Beauty and the Beast”那首经典的主题曲。

4. 无处不在的细田守标签

《龙与雀斑公主》可以说是细田守导演一次全心全意的展现，把自己多年拍摄中总结的最具特征的表现手法都用上了，以至于这部影片遮住导演名字都能知道是谁导演的。首先，两个世界的交互中，淋漓尽致地展现了细田守导演能文能武的技法，既能在现实世界中通过同角度重复构图、微表情、微动作表现细腻的内心活动，又能在虚拟世界中通过畅快的格斗与炸裂的特效，展现刺激的追逐格斗场面；其次，家庭关系的共情描写，影片中的女主角小铃与父亲的关系交代以及作为主要线索的龙在家所经受的家庭暴力，无不显示出导演对家庭矛盾的重视，这是自《狼的孩子雨和雪》之后，细田守导演一直在寻找的共情方向；最后，预示剧情变化的积雨云，如果说要从影片中定位细田守导演的标志性画面的话，那必然是剧情推向高潮之前那天空中涌动着积雨云的居中构图画面。细田守导演在自己的每一部影片中都使用了这个元素，让这个属于夏天的标志性画面变成自己的特征画面。

第三节　细田守创作风格研究

一、文武双全的分镜头大师

从小就立志要做动画电影导演的细田守毕业于金泽美术工艺大学工艺学部美术科油画专业，虽然大学期间都在努力当个画家，但是依然在向着自己的理想奋斗，与同学组成摄制团队一起拍摄了几次电影，可以说个人的主观意志与掌握的美术技能都做好了从事动画工作的准备。大学毕业后，进入东映动画，从最基本的绘制中间帧开始做到助理导演，考上导演后独立执导剧场版动画电影，八年的工作经验让他掌握了扎实的动画绘画能力和导演技法。

其中最厉害的就是分镜头的准确性，可以说细田守导演是绘制精准分镜头的大师。《夏日大作战》《狼的孩子雨和雪》《怪物之子》的作画监督山下高明和西田达三对细田守导演的分镜稿评价极高。在描述自己的工作时山下高明说：

“看过分镜稿之后，我就知道要做什么了，制作的时候只需要考虑如何把这些东西以影像的形式再现出来即可。”西田达三说：“细田守导演在分镜稿中就标明了各种细节上的要求，我们全部按照这些要求去做。”[1]能从这两位大师级的作画监督口中得到这样的评价，足以见得细田守导演的分镜组织能力足够细致到位。

从细田守导演绘制的分镜中可以看出他还有一个最难能可贵的特点，就是既能设计与表现出流畅而酷炫的打斗动作，又能准确地设计与绘制出表现人物内心的微表情、微动作的场景与镜头。笔画之间、细致之处无不体现出扎实的功底，可见细田守导演必然是一位好学之人，才能听取各方意见博采众家之长。正是细田守导演在东映动画工作期间接触了多种风格的导演，参与过不同类型动画的制作，才使他具备了这种能文能武的导演技术。

二、贴近生活的艺术设计

细田守导演在影片的创作设计上秉持着“实景主义”，他喜欢把架空的幻想故事放到现实世界中进行演绎，每次创作的时候都坚持把团队带到实地进行取景，早在策划《哈尔的移动城堡》之时，他就提出原作是英国儿童文学作品，因此创作时带着美术和作画监督一起去英国取景，然而令人遗憾的是这个创作团队中途解散了。在之后的创作中，细田守导演也一直坚持这样的创作方式，《夏日大作战》制作时，取景地包括日本东陆和北陆的一些农村，而最终舞台定在长野；《狼的孩子雨和雪》是以富山县上市町的山林为舞台；《怪物之子》以东京繁华的涩谷街道为舞台。

这种设计方法使影片能够与观众形成交流，以涩谷街道为例，忠犬八公像前的多方向路口号称世界上人流量最大的路口，这里就是《怪物之子》的舞台，这一幕影像被定格在了银幕之上，观众看到这样的舞台，一定会触动自己的记忆，某个小巷、某个地铁站、某个商店……

从另一个角度来说，细田守导演的设计也给自己留下了美好的记忆，比如

1　日本日经娱乐编．细田守：探寻动画新大陆的地图．贾耀平译．北京：北京出版集团公司，2018年版，第105页．

《夏日大作战》的舞台长野县就是其妻子的老家。

三、极具个人特征的积雨云画面

在细田守导演的四部原创动画作品中，出现了一个共同的画面——厚重的积雨云,《穿越时空的少女》《夏日大作战》《狼的孩子雨和雪》《怪物之子》《未来的未来》《龙与雀斑公主》的影片背景中全都出现过一模一样的积雨云，这片云可以看作细田守导演的一大特征。对于这片云的含义，细田守有过这样的阐述 :“我的作品中总是会出现夏天的积雨云。积雨云也是不断变化成长的，从最开始的小片云,渐渐地就变成了巨大的积雨云。对于电影中的主人公来说，也许他迈出的是人生中的一小步，但他也在渐渐成长，向前迈进。”[1] 可以看出，影片中的积雨云至少有两点含义 : 一个是在影片中隐喻主人公的成长 ; 另一个含义则在影片之外，对应自己的影片都在夏天公映，希望自己的影片如同夏天的积雨云一样能给孩子的暑假留下美好回忆。

这片积雨云的原型出自宫崎骏导演的影片《天空之城》，该片在 1986 年夏天公映，成为细田守童年最宝贵的电影回忆，相信很多观众和细田守导演一样，把这片积雨云看作最宝贵的童年回忆，每当看到壮观而厚重的积雨云在空中飘过，总会想起藏在云层中间的天空之城拉普达。如今，随着细田守导演不断在自己的影片中强化这一元素，终于把夏天的积雨云转变成自己的特征画面。

四. STUDIO地图

2011 年 4 月，为了能够有一个更自主地持续创作原创动画的基地，细田守导演与制作人斋藤优一郎共同成立了 STUDIO 地图工作室，办公室面积只有 30 多平方米，按细田守导演的话来说，这可能是世界上最小的动画公司。

创建工作室之时，他们咨询曾经在日本电视台工作的奥田诚治和高桥望，高桥望曾参与过吉卜力工作室的建立，提供了很多宝贵的经验。与吉卜力工作室稳定的建设方针不同，STUDIO 地图工作室采用了弹性化的建设方式，根据执行项目的不同，参与人数和工作室的规模可大可小，制作开始后扩大，制作

1　日本日经娱乐编．细田守：探寻动画新大陆的地图．贾耀平译．北京：北京出版集团公司，2018 年版，第 236 页．

结束后缩小，随着每部动画电影的特点进行弹性变化。比如，制作《狼的孩子雨和雪》时，工作室就在高圆寺租了 230 平方米的场地当制作现场，等制作基本完工之后，再搬回 30 平方米的办公室完成收尾工作；制作《怪物之子》时，根据制作需要建立了第二和第三工作场地。工作室成立以后已经成功地打造了《狼的孩子雨和雪》以及《怪物之子》《未来的未来》《龙与雀斑公主》四部[1]热门原创动画电影长片，被业内人士评价为“次代吉卜力”[2]，该评价成为细田守导演继续创作的坚实动力。

第四节　交织在两个世界中的亲情主题
—— 细田守的创作特色研究

一、各具特色的原创动画大师

日本动漫产业自 20 世纪初诞生发展至今，不仅成为日本的一大支柱产业，而且影响了日本的文化形象，如今的日本文化已经与动漫深深地交织在一起，日本动画无论从故事的深度还是类别的广度上都居于世界前列。推动动画产业前行的核心力量莫过于各具特色的动画创作者，其中最值得称道的必然是坚持原创的动画导演。无论是提倡保护环境资源的宫崎骏导演，还是专攻少男少女浪漫爱情的新海诚导演，又或猛烈抨击军国主义、思想锋利的大友克洋导演等，每位导演都有显著的风格与特征。

日本著名动画导演细田守自 2009 年以来，每三年制作一部原创动画电影长片，至今已推出《夏日大作战》《狼的孩子雨和雪》《怪物之子》《未来的未来》《龙与雀斑公主》五部[3]完全原创影片和《穿越时空的少女》一部大幅改编影片，这些影片从创作的思路上看可谓一脉相承，充满了浓浓的亲情，形成了细田守导演独具特色的创作风格。

1　细田守导演的《穿越时空的少女》和《夏日大作战》在拍摄时还没有成立工作室，所以此处表述为四部影片。

2　在《细田守：探寻动画新大陆的地图》一书中，第 189 页提到了此说法。

3　其中，《夏日大作战》在拍摄的时候还没有成立工作室，所以此处表述为五部原创影片。

二、细田守的动画之路

细田守小学毕业前一年是1979年，恰恰是动画史上相当重要的一年，那年《银河铁道999》（林太郎导演）在夏季上映，《鲁邦三世：卡里奥斯特罗之城》（宫崎骏导演）在冬季上映，被这两部电影深深感动的细田守在自己的毕业纪念册上写下了“想当动画电影导演”的梦想。

细田守自幼喜欢画画，相对于静态的漫画，他更喜欢动态的、变化的影像，但是他并不知道怎样才能当上动画导演，于是循着学习美术的道路在高考时先报了美术大学，考进了金泽美术工艺大学。在校期间加入了大学的电影社团，尝试性地拍摄了一些小影片，发现能和大家聚在一起拍影片非常愉快，更加坚定了自己想要当导演的理想。

大学毕业后顺利地进入了东映动画公司，在动画制作现场工作，最初的具体工作是绘制中间帧（原画之间的补帧），这个岗位属于动画制作流程中的底层，工作辛苦却能广泛地接触不同类型作品中的细节，学习其中的优点，汲取经验，总结不足。工作期间曾在山内重保、几原邦彦等知名导演手下工作过。对细田守而言，东映动画就是一所最好的动画学校，在东映工作期间，从50多位导演的工作中学习并领悟到了“导演是什么？”“电影是什么？”这两个最重要的问题。在学习上没有名师为他指路反而造就了他独特的个人领悟，在创作的道路上开始用脑子来理解“我能表现什么”“我要表达什么”，从此踏上原创电影之路。

1996年，怀揣着一定要制作属于自己的电影长片的梦想，细田守参加了导演考试，成为一名导演，于1999年迎来了第一次拍动画电影的机会——剧场版的数码宝贝。幸运的是，这部数码宝贝的制作远在它的电视剧之前，因此给了细田守导演很大的发挥空间，于他而言虽说是20分钟的短片，却是非常光荣的起点。细田守在东映动画工作期间执导了两部剧场版数码宝贝《光丘事件》《我们的战争游戏！》以及《海贼王：狂欢男爵与神秘岛》等影片，一直到2000年被铃木敏夫调离东映动画前往吉卜力工作室着手《哈尔的移动城堡》的前期策划，可惜由于理念上的差异，以及人手分配的问题，这一版的策划在一年后被终止，宫崎骏导演接手《哈尔的移动城堡》将原有的分镜全部推翻重新绘制，细田守导演重新回到东映动画。

2005 年，细田守离开东映动画成为自由导演，不清楚之后要怎么走下去，甚至不知道靠什么谋生，但心中“要拍电影”的想法从未消失过。执着的努力终于换来了应有的回报，2006 年，他执导改编自筒井康隆同名小说的《穿越时空的少女》激起观影热潮，成为传说级的影片，获得第 30 届日本电影学院奖最佳动画电影奖。至此，细田守的导演之路一路畅通，多次获得奖项。

2009 年，细田守导演执导科幻动画《夏日大作战》，开启了自己的原创电影之路。

2011 年，为了能够制作出更加优秀的原创动画电影，细田守导演与制作人斋藤优一郎一起创建了 STUDIO 地图工作室——一家基于坚持作品中心主义、原创作者中心的动画公司，制作了《狼的孩子雨和雪》(2012 年)、《怪物之子》(2015 年)、《未来的未来》(2019 年)、《龙与雀斑公主》(2021 年) 等原创动画电影，在这个漫画、游戏形象主导的时代依然坚守着原创的阵地。

2019 年，《未来的未来》获第 91 届奥斯卡金像奖最佳动画长片提名。

2021 年 12 月，《龙与雀斑公主》荣获洛杉矶影评人协会奖最佳动画片，标志着细田守导演的成就获得了国际上的认可。

三、平凡而独特的创作之路

细田守导演踏入动画行业最初的岗位是动画师，是动画生产制作中最基层的岗位，他怀抱梦想，经过日积月累后通过考试成为一名动画导演。动画师这个岗位除了基本的绘画功底外，更重要的是需要理解和掌握导演的意图，细田守导演在工作期间一边聆听、吸收、体会所做项目导演的创作思路，一边逐渐形成自己的创作见解，逐渐形成了自己的创作方式。

（一）以普适性为基础

细田守导演心目中理想的电影作品是那种从大人到孩子，无论哪个年龄段都能找到自己看点的，具有普适性的作品。他曾说过：“如果你一开始就带着一种‘这东西不过是给小孩子看的罢了’的心态去做动画，做出来的东西一定会受到他们的嘲笑。孩子一眼就能看出来，你的东西到底是只为了骗骗小孩子还是真的用心在做。”[1]

细田守导演会把自己的生活体会以及身边家人、朋友、同事的生活体会融入创作，剧中主角的性格设定不会过于激进，会让观众在剧中角色身上找到生活中某个熟人的感觉。比如，《穿越时空的少女》中，高中女生绀野真琴获得穿越时空的能力之后，第一件想做的事情就是抢在妹妹之前吃掉冰箱里的布丁；《夏日大作战》中，面对意图毁灭世界的人工智能 LOVE MACHINE，阵内一家人也是先好好地坐在一起吃完饭再考虑如何反击。

这样具有普适性的作品也许会损失一部分喜欢追求刺激体验的观众，但是对大多数观众而言，还是能得到愉快的观影体验的。

（二）通过作品与观众共鸣

细田守导演最大的特点就是善于聆听、虚心感悟，以自己最熟悉的周围世界为原点来展开创作，“周围人在做什么？”“周围人在聊什么？”其中就隐藏着能和大多数人产生共鸣的“种子”。

（1）《穿越时空的少女》原著是筒井康隆在 1967 年出版的小说，细田守导演在创作过程中进行了大量改编，故事发生的年代由昭和年代推进到了与观众更加接近的平成年代，女主角设定为高中生绀野真琴，故事发生的舞台也随之变成了充满青春气息的高中校园。对于经历过高中生活的人来说，这必然是人生中最值得回味的一段时光，宝贵的青春期稍纵即逝，也只有在这段时间才会在感性的引领下去做一些不经大脑的傻事，而这些傻事终将成为一生中最宝贵的回忆，同时也能产生最大的“共鸣”。细田守导演抓住了青春期少男少女必然会经历的情感暧昧作为剧情推进的重点，用绀野真琴与间宫千昭、津田功介三人的感情纠葛展开故事。影片看似在讲述高中生绀野真琴不知如何面对好友的告白而利用跨越时空的超能力所做的一系列傻事，实际上展现的却是对情窦初开的少男少女恋爱心情的体会。

（2）《夏日大作战》是细田守导演首次的原创剧本，在影片的企划阶段，导演步入了婚姻的殿堂，婚后他和夫人来到长野县上田市的岳父岳母家里，见

1　日本日经娱乐编．细田守：探寻动画新大陆的地图．贾耀平译．北京：北京出版集团公司，2018 年版，第 219、220 页．

到了很多亲戚，在与亲戚交往的过程中衍生出了影片中阵内家族的身影。影片的主人公小矶健二受自己崇拜的学姐筱原夏希邀请，假扮其男友一起回老家参加奶奶的生日宴会，由此展开了阵内一家人对抗虚拟世界大魔王 LOVE MACHINE 的冒险故事，主角依然是青春期的少男少女，但是故事的主题却不再是恋爱，而是亲情的牵念。

日本的都市化进程比中国要早，但是从本质上看，过程和结果都是十分接近的，在这个过程中形成了东京、大阪、名古屋三个大的都市圈，逐渐把周围农村的青年都吸引到了这些大都市，很多青年人在大都市建立了新的小家庭，但是在祖辈生活的农村依然保留着亲戚血脉，这种亲人之间天生的牵念便是细田守导演在影片中与观众共鸣的因子。影片中的主人公小矶健二已然跨过恋爱的阶段，成为家族中的一员，一家人虽然吵吵闹闹各自有各自的事情，但是家族的血脉始终会把所有人紧紧联系在一起。哪怕有魔头即将毁灭世界，只要一家人能坐在一起吃饭，一起想办法，就一定能渡过难关。

(3)《狼的孩子雨和雪》是日本动画电影史上第一次以“母亲”这个设定作为主角，创作灵感来源于细田守导演同事的经历，“他说双职工的家庭养育孩子是非常辛苦的一件事。但是当孩子出生时，朋友满脸洋溢着幸福，似乎是人生无上的乐趣正在向他招手。我真是羡慕极了，自己也想抓住这种幸福，把它捧在手心里。”[1]影片讲述的是人类的女孩与狼人男子结婚生子后，狼人死于意外，女孩一人独自养育两个孩子长大成人的故事。养育孩子的生活充满了艰难困苦，但是看着孩子一点点成长，便发自内心地感到幸福，这种隐藏在艰辛背后的幸福，最能激起观众的共鸣。

影片的另一条感情线是饲养宠物狗，影片中两个狼人孩子可以自由在狼和人的形态之间切换，当狼人孩子还小的时候不能自由控制何时变身，随着年龄的增长才能控制自己变身的时机，这一设定便在原先养育孩子的困难之上又增加了养狗的困难与乐趣，无论是养育孩子还是宠物狗，都可以看出细田守导演所感悟的生活已经又前进了一大步，主角已经脱离了学生的时代，成为背负家

1 日本日经娱乐编．细田守：探寻动画新大陆的地图．贾耀平译．北京：北京出版集团公司，2018年版，第189页．

庭责任的成年人，影片所表现的感情也变成了家人之间的亲情。

（4）《怪物之子》创作的灵感来源于父子关系的感悟。怪物熊彻从人潮涌动的新宿街头接回离家出走的男孩九太，两人表面上是师徒实际上却如父子，在陪伴九太长大的过程中，熊彻也在成长，真正从男孩变成了男人。这段父子关系所映射出的，正是细田守导演对生活的体会。在父母教导孩子的过程之中，其实父母也在被孩子教导，孩子长大的同时，父母也在成长，正如影片中的熊彻，影片开始时成熟的外表下其实有一颗幼稚的心，随着影片剧情的展开成长为一个真正的大人，真正懂得什么是责任。

除了熊彻和九太这对父子之外，影片中其他的家庭其实也都与现代社会中的家庭关系问题有关，猪王山一家是典型的大户人家，父亲公务繁忙，母亲料理家务，两个儿子一郎和二郎在父亲的名望之下快乐成长，然而这样的祥和之下却造成了一郎的心理问题；九太在人类世界的家庭因为父母离异加上母亲过世而支离破碎，他与生父之间的关系同样映射着现代社会的家庭问题。

（5）《未来的未来》可以说是非常私人化的一部影片，影片中的家庭构成——爸爸、妈妈、四岁的哥哥小君、刚出生的妹妹未来、宠物狗小悠，就是细田守导演的家庭结构，影片的灵感来源也就清晰地指向了导演的生活感悟。

家里没有孩子之前，爸爸妈妈的情感都寄托在宠物狗小悠身上，男孩小君诞生后，分走了大部分原先属于宠物狗的情感，但是宠物狗不会说话，只会默默地退到一边，所以没有暴露太多问题。妹妹未来的降生却成为打破平衡的触发点，小君明显感到父母因为忙着照顾妹妹而冷落了自己，因此通过闯祸来吸引父母的注意。在影片中，细田守导演将自己对家庭关系的理解通过跨越时空的家族血脉亲情展现出来，为小君演绎了一场寻访家族之根的奇幻旅程。影片上映后，激起众多二孩家庭观众的共鸣，收获无数赞誉。

将这五部作品放在一起纵向比较，可以很清晰地看到一条成长的时间线：高中生的恋爱—婚后融入大家族—养育宠物与儿女—父子共同成长—养育二孩。在这条长长的时间线背后所展现的，除了剧中人的故事，更是细田守导演的故事，导演对自己以及身边同事、朋友生活的感悟，于平凡的生活中寻找共鸣点，每三年创作一部作品，导演本人与他的作品和观众们一起成长。

（三）时空交汇的异世界之旅

细田守导演将创作重点放在生活中的共同体验，这些与观众形成共鸣的作品非常适合营造出暖暖的亲情氛围，但同时也会放慢影片的节奏而使作品失去刺激感。因此，细田守导演在创作的过程中都会将故事发生的场景一分为二，引入第二个“世界”，这样就能在主线剧情的基础上增加不同节奏的叙事段落，形成快节奏的板块与主线剧情交相呼应，从而在整部影片的创作中形成节奏的变化。

（1）《穿越时空的少女》：未来与现时的交汇，影片通过女主角绀野真琴意外获得的穿越时空能力，将“过去”和“现在”两个世界交织在一起。剧中真琴穿越时空的方式被设计成高速助跑后奋力一跳，这样的方式可以说就是为了加快节奏形成影片高潮而设定的，真琴一次次高高跃起回到过去，在剪辑上形成了一个个短片段的快速衔接，使主角迅速在两个世界间切换，将观众带入爽快的时间之旅。

（2）《夏日大作战》：虚拟世界 OZ 与现实世界的交汇，影片所设定的舞台包括两个世界：一个是主角生活的现实世界，另一个是与现实世界交织在一起的虚拟网络世界 OZ。这也是细田守导演第一次尝试两个世界并行的叙事方法，最终取得了巨大的成功，其中现实世界的舞台以阵内家老宅为主，以传统二维动画的形式表现亲戚朋友的交往人情，虚拟网络世界 OZ 则负责展开激烈的战斗，通过炫酷的三维动画特效表现格斗天王 KING KAZMA 大战魔头 LOVE MACHINE，拯救世界的剧情。值得一提的是，这种虚拟游戏世界与现实世界交织的电影叙事方法后来也获得了好莱坞大导演史蒂文·斯皮尔伯格的借鉴，应用到了卖座大片《头号玩家》[1]之中。

（3）《狼的孩子雨和雪》：人类社会和野兽王国的融合与对立，影片中的两个狼人孩子姐姐小雪和弟弟小雨有着特殊的设定，他们可以通过自己的意志控制变化成狼的时间，这个设定不仅将故事的发展引向了人类和兽类两个世界的交集，而且引导观众对人与自然和谐发展深入思考。随着两个狼人孩子的成长，姐姐小雪选择了自己喜爱的人类社会，逐渐舍弃了变身成狼的能力，弟弟小雨则选择了继承狐狸老师的意志，彻底变身成狼守护山野。影片中推动节奏变化

1 《头号玩家》是由史蒂文·斯皮尔伯格执导的科幻冒险片，于 2018 年 3 月 30 日在中国大陆与北美同步上映。

的舞台并没有限制在某一个世界，而是通过姐弟俩对各自世界不同的选择所产生的矛盾和冲突来推动剧情发展。

（4）《怪物之子》：繁华的涩谷街头小巷中隐藏着怪物世界的“涉天街”，在熙来攘往的涩谷街头，某条不知名的小巷将怪物世界与人类世界紧紧联系在了一起。细田守导演所创造的怪物世界比人类世界更具人情味，主角九太跟随怪物熊彻来到这里以后，不但没有受到生命威胁，反而在熊彻身上找到了缺失的父爱，而熊彻在培养九太习武的过程中也慢慢认清了自己肩上的责任：成为一名合格的父亲。怪物世界的舞台非常适合演绎打斗、比赛等快节奏的剧情，其中熊彻与猪王山的宿命对决便是推动剧情走向高潮的重要线索，人类世界则更多作为情感寄托的舞台而存在。

（5）《未来的未来》：“现在”“未来”“过去”，隐藏在时间中的家族血脉。本片是细田守导演原创动画电影中对于两个世界的描述最为模糊的一部，来自“未来”的妹妹带着“现在”的哥哥小君前往家族树寻找埋藏在“过去”的家族血脉，其中又加入了宠物狗小悠的异世界。故事发生的时间线虽然清晰，但是各个舞台的功能却并不明确，特别是缺少了加快节奏触发剧情高潮的舞台，使得影片的节奏偏慢，成为一大遗憾。

（6）《龙与雀斑公主》:《龙与雀斑公主》中的虚拟世界U提出了感官的重塑，让用户在虚拟世界中可以通过映射的虚拟人AS重获人生。故事通过现实世界与虚拟世界的交织展开，女主角小铃在虚拟世界中遇见并慢慢了解怪物龙，最终通过在虚拟世界中显露现实的身影而取得龙的信任。这一虚拟世界的升级虽然从介绍上看起来有元宇宙的概念，但是并没有在剧情上起到太多关键的作用。在笔者看来，两个世界的设定更多是为了便于导演多种动画技法的展现，既能在现实世界体现温情的一幕，又能在虚拟世界通过声光特效给观众以视听盛宴般的享受。

四、结语

纵观细田守导演拍摄的动画电影长片，可以清晰地看出他的创作思路，以自己对生活的感悟为创作的出发点，引起观众的共鸣为目的展开创作。为了保证影片的节奏变化，使影片具有足够的新意和娱乐性，他所采用的方法是构筑一个与现实世界交织在一起的幻想世界，通过幻想世界来增加剧情的张力，拉快影片节奏，增加吸引力。

如此展开创作能够很好地保持自己的创作特征，但是无可避免地会遇到创作的瓶颈，从《未来的未来》一片已经可以看出，随着导演年龄的增加，能与他形成共鸣的观众年龄也随之增加，这样必然会造成观众的流失。而在《龙与雀斑公主》中，细田守导演更是将自己熟悉的技法进行了综合回顾，并没有出现新的创作灵感，因此细田守导演未来的创作可能会打破原先的框架，寻找新的共鸣点。

第五章　大友克洋

第一节　大友克洋简介

大友克洋（Otomo Katsuhiro），1954 年 4 月 14 日出生于日本宫城县，日本著名动画导演、编剧、漫画家。

1973 年在《增刊 ACTION》上刊登连载漫画《铳声》，以漫画家身份发表处女作。

1982 年开始连载《阿基拉》，其缜密细致的画风，超现实的故事，不逊于动画电影的背景设计为人津津乐道，1984 年《阿基拉》获得第 8 届讲谈社漫画赏。

1983 年漫画作品《童梦》得到“第 4 届日本 SF 大赏”，成为第一位获此殊荣的漫画家。

1988 年亲自执导《阿基拉》动画电影长片，成为一名动画导演，该片未公映已引起话题，其后更以 6 国语言在世界各地公映，在欧美获得很高的评价。

1995 年，大友克洋和两位新晋动画家森本晃司、冈村天斋三人分别创作动画短片组成《回忆三部曲》，其中他执导的《大炮之街》挑战动画极限，一镜到底，是动画史上最大胆的突破。

2004 年 9 月 30 日，由其担任原作、脚本、监督的剧场动画《蒸汽男孩》公映，该片再次挑战动画的极限，创作历时长达 9 年，制作成本高达 24 亿日元，仅次于高畑勋导演的《辉夜姬物语》。

2006 年导演《虫师》真人版电影，入围第 63 届威尼斯国际电影节主竞赛单元。

2012 年导演动画短片《火要镇》，作为组合影片集《SHORT PEACE》之中的一篇参展第十四届广岛国际动画嘉年华。

2019 年，大友克洋于美国洛杉矶举办的 Anime Expo 2019 动漫展上正式宣布将于 2020 年推出《阿基拉》全新 4K 重制版动画电影长片。

大友克洋同吉卜力工作室的宫崎骏导演一样，具备多重身份，最早以漫画家的身份出道，之后成为动画导演和制片人，一边创作长篇连载漫画一边创作动画电影长片。两人都具有很强的创作能力，由于他年纪比宫崎骏小，所以常被冠以继任者之名。相对于宫崎骏导演，他的个人特征更加明显，在画风上更加细腻，特别是在机械设计上近乎痴狂，作品华丽而刺激，而精神层面则更加独立，有一些极端化甚至有一些叛逆，使得他在欧美国家拥有大量粉丝。

第二节　大友克洋代表作研究

一、《阿基拉》（AKIRA）

1988 年，大友克洋亲自执导《阿基拉》(AKIRA) 动画电影长片，完成了自己同名漫画的动画电影长片制作。该片在当年掀起观影狂潮，成为话题之作，其后更以 6 国语言在世界各地公映，在欧美获得很高的评价。

剧情简介：影片故事的背景就是漫画里所描绘的未来世界。1988 年，日本东京因自卫队研究的武器失控而发生大爆炸，整个东京被炸成一片废墟，经过 30 年的努力，重新建立起“新东京”。然而，繁华的外表之下却是一个混乱不堪的世界，腐败的政治家、为了自己的研究而草菅人命的科学家、滥用武力的自卫队、藏匿街头的革命军、蛊惑人心的邪教，“新东京”就像一个高楼大厦掩盖着的废土世界。

叛逆少年金田和好朋友山形、甲斐、铁雄一起组成帮派，骑着摩托飞驰于大街小巷，与别的帮派打斗，争抢地盘。在与小丑帮争斗的过程中，铁雄差点撞到突然出现的身体像小孩但是面孔却像老人的神秘男孩高志，原来高志是军方秘密研究的实验对象，拥有穿越空间的超能力。由于与他接触，铁雄竟然也慢慢具有了超能力，利用超能力大肆屠杀，破坏了军方的实验室并得知一切的原点叫“阿基拉”。铁雄前往奥林匹克中心寻找“阿基拉”，原来阿基拉是最早被发现具有超能力的人，也是最早的实验品。金田骑着红色赛博朋克摩托赶来阻止他，激战之中铁雄的超能力失控，精神控制不住肉体的混乱增生，最终将自己吞噬。

《阿基拉》漫画拥有大批忠实读者，而电影更是被奉为神作。影片中赤裸裸对暴力的表现表面上是叛逆思想的体现，实则对“力量”进行了深度的思考，这种思考的载体有两个：一是只关心研究技术的科学家，即使他们的研究成果已经毁灭了东京一次，仍然醉心于对未知力量的研究；另一个是突然得到超能力的铁雄，当一个人获得的力量超过能控制力量的精神会是怎样的结果，影片以最惨烈的方式表现了出来。

大友克洋设计的场景“大”可气势恢宏，“小”可细致入微。比如，影片中自卫队坦克攻击铁雄的一幕，炮弹轰炸过的路面，不仅表现出弹坑，甚至连爆炸掀起砖块下的电线和管道都画出来了，他的这种精细缜密的设计思维影响了一大批想要当漫画家的年轻人。

影片中大友克洋所展现出的机械设计能力更是为人称道，其中最具代表性的莫过于金田那辆赛博朋克风格的重型摩托，无论是其超越时代的外观，还是严丝合缝的传动系统设计，再到震撼的动力输出，都让这辆摩托成为经典的银幕形象，在今天的很多影视和游戏中都还能够看到这辆传奇摩托的身影。

大友克洋对飞车追逐以及战争场面的动画设计是教科书级别的。其中金田一伙和小丑帮在都市中飞车追逐的一幕堪称经典。他所“发明”利用摩托车尾灯拖出残影增加速度感的方式，在之后的很多飞车追逐类电影和动画中都有效仿，其中最著名的莫过于著名好莱坞电影《速度与激情》系列。2018 年，著名好莱坞大导演史蒂文·斯皮尔伯格所执导的电影《头号玩家》中，女主角阿尔忒密斯所驾驶的就是金田的红色摩托，足以看出《阿基拉》的受欢迎程度。

二、《大炮之街》

1995 年，大友克洋和两位新晋动画家森本晃司、冈村天斋三人分别创作动画短片组成《回忆三部曲》，其中《大炮之街》由他执导。

剧情简介：影片用 22 分钟的时长讽刺了一个军国主义的乌托邦——大炮之街，在这里每个普通人的生活都与大炮有关，城里屋顶上密密麻麻的火炮和城中心那门巨型红色大炮无不预示着战争的激烈。主角一家三口：爸爸在红色大炮所在的炮台担任填弹员，妈妈在生产炮弹的流水线工作，儿子在学校学习炮击的知识。所有人的生活都只为保证大炮开火，然而当儿子问爸爸打击的敌人是谁时，爸爸根本回答不上来，只能搪塞儿子说："你长大就知道了。"再跟着镜头看一看炮口前方荒野中布满的弹坑，一个敌人的影子也没有，原来这座只为了开炮而活着的城市根本就是向着旷野在开炮，所谓敌人不过是被强行灌输在脑子里的一个影子罢了，那么所有这些投入在"战争"中的资源和人力究竟意义何在？这些为了开炮而活着的人生意义何在？

《大炮之街》在动画技术上达到了一个前所未有的高度，整个影片使用一镜到底的方式完成拍摄，这应该是对导演能力最大的挑战，拍摄的时候摄影台长达 10 米，整个背景、角色调度、镜头动线都必须完美设计。特别是摄像机的动作安排，水平摇是比较容易实现的，但是纵深的镜头和大幅度调度的镜头就非常困难，从影片中可以看出导演尝试了很多小技巧来加强长镜头中的纵深感，其中包括多层赛璐璐片的动态，也包括 CIS（接触式传感摄影）合成技术的尝试，这种技术与传统的光学摄影不同，它能够把简单的立体画面组合起来，不过它又不同于计算机合成图像（Computer Graphic Image, 简称 CGI 技术），最多也只能做一个长方体，这样就可以把地面、墙壁和房顶的素材拼接起来实现有纵深感的推镜动画。

一镜到底最大的挑战在于导演不可能在分镜阶段把所有的细节都考虑完备，即便大友克洋导演的分镜已经细致到无可挑剔的程度，再加上设计阶段的严密工作，仍然无法保证拍摄阶段不出问题，因此还需要随时面对未知的挑战，不断研究解决方案。这部影片的拍摄成功具有里程碑的意义，可以说这部影片的拍摄技术达到了电脑 CG 技术普及之前的极致，属于使用赛璐璐片拍摄的巅峰之作。

三、《蒸汽男孩》

2004 年 9 月 30 日，大友克洋担任原作、脚本、监督的剧场动画《蒸汽男孩》公映，该片创作历时长达 9 年，制作成本高达 24 亿日元，再次挑战了动画的极限。

剧情简介：少年詹姆斯·雷·史提姆天生喜爱研究蒸汽动力的各种机械装

置，他的这种才智是从爷爷詹姆斯·洛伊德·史提姆和爸爸詹姆斯·爱德华·史提姆继承而来。雷的爸爸和爷爷在他小时候就结伴一起去美国为奥哈拉财团开发蒸汽动力装置，留下雷和妈妈在曼彻斯特的家里。

英国即将召开万国博览会，一天，雷收到爷爷寄来的神秘装置，包裹刚到家，神秘特工尾随而来将雷和神秘装置一起带走了。原来这些特工是爸爸派来的，而神秘装置是爷爷和爸爸创造的高浓度蒸汽球，他们一共造了三个蒸汽球，作为他们建造的蒸汽城堡的动力。在建造蒸汽城的过程中，两人在科学发明的用途方面产生分歧，爷爷觉得科学发明应该是帮助人们生产、工作的助力，爸爸则把科学发明用在制作先进的武器上，帮助财团通过销售武器获取利益。雷发现蒸汽城堡表面上是一个巨型展厅，实际上是一个巨型武器工厂，于是帮助爷爷偷出了蒸汽球，想要阻止财团利用蒸汽城堡销售武器。

万国博览会开幕的第一天，各国都派人前来参观采购新式武器，隶属于英国的科学家罗伯特·史蒂芬森为了与史提姆一家在科学上一争高下，同时打击竞争对手奥哈拉财团，带领英国的军队开始进攻蒸汽城堡，双方的蒸汽机械军队在伦敦展开殊死搏斗。

《蒸汽男孩》是大友克洋继《阿基拉》之后，对“科学”与“力量”思考的进一步阐述。与《阿基拉》中架空而虚幻的“科学”相比，《蒸汽男孩》中使用了基于现实的蒸汽动力机械发明，使得影片中所述的“科学”更加接近真实的科学研究。影片在对待“科学”的态度上，不仅使用了雷的爷爷詹姆斯·洛伊德·史提姆和爸爸詹姆斯·爱德华·史提姆的一个把科学用在制作生产和娱乐装置，一个把科学用在创造更强大的武器装置的对立。影片中看似正义的罗伯特·史蒂芬森博士以及他看似中立的助手大卫也都堂而皇之地把科学力量自私地用在军事竞争以及资本牟利上，蒸汽男孩雷就像观众的眼睛一样，带领观众涉身这场关于科学力量的战争。影片背后隐藏着的是大友克洋导演从执导《阿基拉》以来一直在通过作品警戒世人的训诫：“不具理念与哲学的发明，只会带来灾祸，在内心没有强大到可以驾驭力量之前，就不应该拥有强大的力量！”

《蒸汽男孩》是继《大炮之街》之后，对军国主义的再一次讽刺，影片中大友克洋对待科学的态度是一分为二的，并没有明确地表述出应该利用科学力量做什么，但是却把问题的矛头直指把科学用在武器开发上的上层力量——腐败的政客、利欲熏心的商人、脑中只有杀戮的军方。最滑稽的是，这场毁灭伦敦的战争就是一场军事力量的演示，无论是穿着蒸汽铠甲的财团特工还是来自英国军方的蒸汽部队，都不过是展示军事力量的道具，彼此甚至不知道为什么为敌。大友克洋借助影片中爷爷詹姆斯·洛伊德·史提姆之口喊出了对军国主义强力的抨击："大家都是人类，原本是不该分敌我的，所谓的敌人是自己内心的傲慢与算计所制造出来的！"

从影片的制作上来说，《蒸汽男孩》绝对是机械迷们最美味的饕餮盛宴，大友克洋导演把自己在机械设计上的天才发挥得淋漓尽致，影片中小到给小狗使用的散步机，大到遮天蔽日的机械城，无不细致入微，每根管线、每根传动轴、每个齿轮都具备表面上的合理性。交战双方所使用的飞机、坦克、潜水艇也都令人深刻难忘。为了达到这样的动画效果，大友克洋导演带领创作团队历时 9 年，耗资高达 24 亿日元，总共绘制了 18 万张图片，制作了 400 个 3D 镜头，达到截至 2004 年日本动画界在制作成本投入上的新高，而技术上同样也是站上了当年的顶峰。

第三节　大友克洋艺术风格研究

一、极致写实的漫画风格

1973 年，19 岁的大友克洋由老家宫城县登米市只身来到东京寻求发展，同年，他在《增刊 ACTION》上刊登连载漫画《铳声》，以漫画家的身份出道。1983 年漫画作品《童梦》得到"第 4 届日本 SF 大赏"，成为第一位获此殊荣的漫画家，同年开始连载代表作《阿基拉》，并从 1984 年开始以一年一卷的速度发行单行本，每一卷都在业界和读者中引起轰动，该作品被翻译成 6 种语言发行海外，使大友克洋在欧美国家具有很高的影响力。

大友克洋的漫画风格极具个性，他的作品以现实世界为舞台展开，绘画风格为细到极致的写实风，人物造型上彻底打破了当时日本漫画主角型男靓女的唯美风格，他笔下的人物更加真实，外表普通但是拥有强大的内心。他笔下的风景和建筑，更是体现出强烈的细节和质感，构图上喜欢更多地使用透视效果，画面极具电影镜头感。由于画工太过扎实，画面太过写实，侧面打击了一大批想要当漫画家的青年，画工不过硬都不敢拿作品尝试出道。

二、极具漫画感的镜头语言

大友克洋导演在绘制漫画作品的时候就表现出镜头语言具有电影感的特点。虽然日本漫画是一种把电影的蒙太奇手法与绘画相结合的表现方式，理论上漫画家都可以胜任动画电影导演一职，但这也只是理论上的理想状态，现实中这是两个不同的行业，能够跨行业同时成为两个领域的大师的人寥寥无几，而大友克洋便是其中的佼佼者。

从《蒸汽男孩》的分镜稿中，可以看出大友克洋导演无论在镜头的衔接还是动作设计上都绘制得十分精准，再加上常年连载漫画练就的人物表情以及画面动态的表现力，使他的分镜能够准确表现出导演的思路，画师根据这样的分镜绘制原画制作设计之后，可以保证生产流程顺利展开。

大友克洋导演自出道以来就以打造画面的细节著称，他所绘制的分镜稿与自己的漫画一般无二，对细节的刻画入木三分。以《蒸汽男孩》分镜稿为例，对画面中出现的背景元素以及道具元素精细到了机械上的螺丝。镜头衔接节奏虽快，却包含了诸多细节，蒸汽如何喷出、操作的手柄上机械关联具体如何运作乃至工人把握锤子的手势均有设计。正因有如此细节的表现，才能保证影片制作过程中各个部门的准确衔接，最终制作出具有丰富信息量的影片。

三、极具漫画风格的海报设计

除了漫画和动画领域之外，大友克洋还是海报设计的大师，他设计的海报主要分两类：一类是图书、电影的宣传海报，有较多的文字信息，包括发售日、上映日、广告语等；另一类海报是商品海报，包括读者小册子和剧场版活动商品，以图画为主。除了漫画和电影的宣传海报外，他还设计了“佳能相机T70”“佳能 T71”、三得利图拉多爱尔兰威士忌等商品推广海报。

海报设计虽然是以手绘的画面作为主体，但与纯粹的绘画是截然不同的，需要有很强的平面构成能力，除了能绘画外，还需要懂得如何使用文字和字体、LOGO 等平面元素。大友克洋设计的海报获得了极高的评价，他的构图方式、文字与字体以及字号的组合方式、绘画与文字的位置关系等，极具个人风格。电影《阿基拉》的海报，由大友克洋绘制原图，水谷利春完成海报制作，其中的文字位置和构图平衡是由大友克洋绘制线稿进行指定的，这张海报只在《阿基拉》电影公布的记者会上使用，但是一经推出大受好评，后续又衍生出很多版本。

第四节　大友克洋创作精神研究

一、大友克洋的创作轨迹

大友克洋，1954 年 4 月 14 日出生于日本宫城县登米市。他初中时就立下志向将来要成为一名漫画家，他努力练习，不断提高自己的绘画能力。1973 年高中毕业后只身前往东京寻找发展机会，在向一些杂志投稿后，很快在《增刊 ACTION》上获得机会刊登漫画《铳声》，踏出职业漫画道路的第一步，之后他与双叶社签约，开始一个月推出一部作品。在此期间，他不断尝试各种不同的漫画风格，在 1979 年夏天发表《High Star》时，确立了自己独特的写实风格——精密的线条和真实的画面。

1978 年，大友克洋与双叶社解除专属合约，开始在少年画报《增刊 Young Comic》和《Young Comic》上不定期连载了 60 余部作品，其中 1982 年开始连载的《阿基拉》成为引起话题的热门巨作，至今仍广受欢迎。1984 年《阿基拉》获得第 8 届讲谈社漫画赏。

1979 年出版的第一本单行本《短暂和平》使他声名鹊起，1983 年漫画作品《童梦》大获赞赏，得到“第 4 届日本 SF 大赏”，使大友克洋的名字被更多人知道。

1986 年，大友克洋与川尻善昭、林太郎联合执导科幻剧情动画电影《迷宫物语》，在创作上首次涉足动画电影领域。

1988 年，大友克洋作为导演，将自己的连载漫画《阿基拉》搬上了大银幕；2004 年，他执导了科幻动画《蒸汽男孩》。他虽然只执导了这两部动画长片，但是却凭着自己在科幻领域的特长，借助这两部影片打开了赛博朋克和蒸汽朋克的大门，为科幻动画开创出了新的道路。

大友克洋导演在创作上总是在追求新的高度。1995 年执导了动画短片《大炮之街》，首次在动画影片的摄制中进行了一镜到底的尝试。2012 年导演动画短片《火要镇》，大胆地使用 CG 技术复原了日本传统绘画长卷。

二、大友克洋作品中的尖锐思考

在本书所介绍的几位动画大师中，大友克洋是唯一一位没有读大学的，他缺少大学系统化教育以及名师的引导，故而他的思想中少了一分厚重感，但同时也使他摆脱了传统教育的思想束缚，让他的思想多了一分棱角，多了一层独立性，在他的作品中常常表现出对社会尖锐的反思。

1. 对“力量”的反思

大友克洋高中毕业后便只身一人到东京打拼，作为职业漫画家展开了自己的创作人生。参考日本新人漫画家的打拼之路，不难想象一个 19 岁的青年经历了多少大都市中的冷暖，这些人生经历打造出来的思想表现在作品之中就是对社会底层“普通人”的关怀。大友克洋作品中的角色一反漫画界流行的型男俊女设定，其外观一看就是来自社会底层千千万万普通人中的一员，甚至本应肩负吸引观众重任的女性角色也常常设定为满脸雀斑的普通女孩。这种设定仿佛就是每个人学生时代同班同学里最不起眼的那个，这样的角色绝对不是通过外观来吸引读者，而是依靠强大的内心，依靠思想的魅力。

从《阿基拉》到《蒸汽男孩》，大友克洋在自己的作品中始终贯穿着对“力量”的反思。《阿基拉》中因为意外而具有超能力的少年铁雄是这一思想的直接载体，铁雄是金田小帮派中意志最薄弱的一员，当他想要尝试驾驶金田的摩托时，金田就当面指出他没有足够强大的精神来驾驭力量强如怪兽的摩托。而当他无意间具备了超能力之时，所想的是漫无目的地证明自己的强大，滥用力量的唯一结局就是破坏与被破坏，无论走向哪一端都是错误。在《阿基拉》影片中，大友克洋展示了内心不够强大的铁雄获得强大力量的后果——力量超越精神的控制，将铁雄反噬。而在《蒸汽男孩》中，这种力量的载体变成了雷的爷爷詹姆斯·洛伊德·史提姆和爸爸詹姆斯·爱德华·史提姆创造的蒸汽城和里面的蒸汽动力武器装置，以及对立面的科学家罗伯特·史蒂芬森所创造的武器。影片中，大友克洋通过爷爷洛伊德和爸爸爱德华对蒸汽城堡的争论，再次表现出对力量的反思——人类还没有在精神上做好准备时就不应该拥有超越认知范围的力量。

2. 对“科学”的反思

从《阿基拉》到《蒸汽男孩》，大友克洋的故事始终围绕着“科学”这一矛盾的核心展开，无论是《阿基拉》中的超能力还是《蒸汽男孩》中的蒸汽城堡，都可以看作通过科学研究追逐的未知力量。大友克洋通过自己的影片探讨了科学家的这种不问是非黑白、沉迷在科学研究之中的行为，并尝试引导观众对于科学研究应该朝哪个方向行进进行反思。在影片中，我们可以看到科学家并不是影片中的大反派，他们只不过是醉心于自己的研究，讽刺的是，他们的研究很容易被别有用心的人引到战争，最终导致自己的发明失控而造成巨大的破坏。但是对于站在“科学”另一面的科学家，比如《蒸汽男孩》中雷的爷爷洛伊德，看似把发明创造用在了能令人们开心的方面，但无论是狗的散步机还是蒸汽城堡中的旋转木马和摩天轮，这个“科学”的应用方向在关键时刻显得那么苍白无力，甚至有些可笑，因此大友克洋实际上并没有在这两个选项中作出取舍，而是把这个反思留给了观众。

3. 对社会的反思

在大友克洋的影片中，最尖锐的矛头永远指向腐败的上层社会，这是他独立思想的精华，他对社会的未来始终忧心忡忡，勾结在一起的政客和商人是导致社会腐败的罪魁祸首，最具破坏性的是不停向着假想的敌人开火的军队，居于社会底层躁动不安的普通人推动社会走向崩溃，在这种从上到下的混乱之中，唯有内心坚定的人才能扮演救世主。

对商人和政客，讽刺他们的利欲熏心和草菅人命。

对军队，讽刺他们的愚忠与固执。

对平民，讽刺他们的自卑与暴力。

大友克洋影片中表现出的尖锐反思如一把把钢刀一般刺向现实世界，给人以警醒，给人以力量，引人深思。

三、大友克洋作品中的技术挑战

大友克洋独立执导的动画电影数量并不多，但是从制作技术来看，每一部作品都在探索创新寻求突破，使他的动画作品如同他的漫画一样始终在同年的一批创作中遥遥领先。

1.1988 年的《阿基拉》

为了表现激烈刺激的追逐与打斗，增强紧张感，他刻意剪短了镜头的帧数，充分利用蒙太奇手法，大量使用短镜头衔接加快影片的节奏，其中影片开头处金田一伙的摩托拖着尾灯残影，伴随着未来气息的日本民族音乐在新东京的街头与小丑帮决斗一幕堪称经典。影片中大友克洋给金田设计的这辆红色摩托充满赛博朋克的未来感，放到今天依然是非常前卫的，在 2018 年上映的由好莱坞大导演史蒂文·斯皮尔伯格执导的热门电影《头号玩家》中，也给了这辆摩托重头的戏份。

大友克洋绘制的 700 页分镜，超过 15 万张手稿，总预算达 11 亿日元，在当年可以算是数一数二的大手笔了。影片以 6 国语言在世界各地公映，在欧美获得很高的评价，曾几度传言有制片方想要推出真人版，不过面对《攻壳机动队》勉强持平的票房和《龙珠》《阿丽塔：战斗天使》惨淡的票房，这一神作的真人化应该不会继续下去。

2.1995 年的《大炮之街》

大友克洋导演在这部 22 分钟时长的动画短片中，大胆地尝试了“一镜到底”的拍摄方式。所谓“一镜到底”就是指在影片拍摄的过程中不切换镜头，从头到尾使用一个镜头拍摄。在导演绘制分镜的时候，切分镜头的第一个作用是调整影片的节奏，而在动画中还有一个很大的用途就是利用镜位的变化规避制作上的麻烦，降低工作量。一个最简单的案例就是侧面拍摄角色行走动画时在构图上只保留上半身，这样绘制动画时就避开了行走动画中最麻烦的脚步动画。

在真人实拍的电影中也鲜有导演尝试一镜到底的拍摄方式，因为实在是很难完成场面调度，随便一个环节出错就得重拍。真人拍摄尚且如此，对于一切拍摄对象都要从零开始绘制的动画电影来说，难度更大。也只有大友克洋导演有这样挑战极限的勇气和探索未知技术的决心，敢于在动画中尝试“一镜到底”，拍摄的时候摄影台长达 10 米[1]，整个背景、角色调度、镜头动线必须完美设计，还需要研究很多特殊的动画技术。

从《大炮之街》影片的成品中分析，可以看出其实并不是真正的一镜到底，而是使用了一些特殊的技巧进行了镜头的衔接，使整部影片看起来好像只用了一个镜头。令人印象深刻的是，影片中有很多透视感很强的纵深运动镜头，这些镜头画面是一镜拍摄难度最大的地方。对于 1995 年的二维动画摄制技术而言，画面的水平移动，以及赛璐璐片的分层技术都比较成熟，但是要想拍摄有一定纵深感的空间就比较困难。大友克洋导演一边绘制分镜，一边测试新技术，最终研究出了一套能将画面构造成长方体空间以拍摄出纵深感的摄制方案，将地面、左右墙面以及天花板的素材拼接成一个箱体空间，实现了镜头纵深推动的运动画面效果。

3.2004 年的《蒸汽男孩》

《蒸汽男孩》历时 9 年，耗资高达 24 亿日元，是日本动画电影历史上投资额度第二高的制作。

早在 1995 年拍摄《大炮之街》的时候，大友克洋就对电脑 CG 技术产生了浓厚的兴趣，特别是其中的 3D 动画技术，所以大友克洋在《大炮之街》制作结束后就开始了新一部影片的策划。基于对欧洲的喜爱和机械设计的狂热，他将故事的舞台设定在了英国伦敦，而影片的主题指向了蒸汽动力机械，在《蒸汽男孩》一片中过足了机械设计的瘾。对于热爱表现机械的画师而言，最头疼的问题就是在连续画面之中怎么保证机械部件的透视统一，而 3D 动画技术的强项就在于制作出 3D 模型后就交给计算机完成渲染工作，不需要考虑透视，正因为看到这样的新技术，大友克洋才有了挑战蒸汽城堡的想法。

1 ［日］大友克洋．The Memory of Memories．讲谈社，1996 年版，第 45 页．

2000年左右，3D动画技术刚刚兴起，并不成熟，同时计算机硬件的运算能力也是一个瓶颈，因此当时很少有公司尝试使用这样的技术制作动画电影长片，就连实力最强的吉卜力工作室在拍摄《哈尔的移动城堡》时也放弃了3D动画的尝试。每一种新技术在投入生产之时必然需要大量的研发与磨合，从《蒸汽男孩》影片的画面分析，使用最多的还是三维与二维的结合，为了保证画面的风格统一，三维部分需要绘制大量的贴图，而很少用到灯光与材质的技术。大友克洋是一位特别喜欢运用镜头纵深运动的导演，在影片中可以看到很多推镜和大范围摇镜的画面，这样在用三渲二技术时，必然会碰到光影出错的问题，特别是投射在人物和机械表面的阴影经常出现在莫名其妙的位置，按当年的三渲二引擎来看是必然会出错的，因此需要大量的后续手绘修正工作。以2004年之前的电脑CG技术来看，很多镜头应该是三维渲染出来以后再进行手绘加工，《蒸汽男孩》的画面能做到如此程度实在是相当的夸张，影片中的画面放到今天依然是少有出其右者。

4. 2012年的《SHORT PEACE》

2012年，日本政府投资拍摄了动画短片合集《SHORT PEACE》，其中包括《九十九》《火要镇》《GAMBO》《别了，武器》四部短片。其中大友克洋执导的《火要镇》获得第16届文化厅媒体艺术节动画类大奖。在这部影片中，大友克洋导演设计了与以往作品完全不同的画面风格，使用3D技术打造了一幅美轮美奂的日本画风格的江户时代画卷。

影片如《清明上河图》一般，展现了一个充满惊人细节的江户时代小镇的画卷，影片故事随着画卷展开，视觉效果极为震撼。从画面中可以看到群房之间人们的生活画面，虽然一改大友克洋导演成名的写实风格，但是细腻程度有过之而无不及，展现出日本传统绘画的古典之美。

这部影片与高畑勋导演的《辉夜姬物语》(2013)代表了日本动画电影艺术追求的新方向，不约而同地尝试使用CG技术将日本古典绘画的艺术效果融入动画之中，不同的是高畑勋导演所开发的技术基础是合成技术，原画与背景需要依靠画师的绘制来实现，只是勾线和填色更加艺术化，使整体画面风格更加写意。而大友克洋导演所采用的技术以3D动画为基础，使画面细节更加丰富，场景更加宏大。两者从画面效果上看就好像水墨画和工笔画的区别，无论是哪种技术，都完美地实现了传统绘画风格的动画效果。

四、结语

在人才辈出的日本漫画界，大友克洋是一个“异类”，高中毕业就独自谋生的他，骨子里透出一股桀骜不驯。他苦练漫画技术，画出的漫画让竞争者汗颜，他勇于挑战新的动画技术，制作出的动画令人咋舌。精准的线条和超写实的画面被定义为他的风格，华丽的追逐打斗画面成为他的标志，然而真正值得称道的，是掌握技术的“坚强意志”。

无论是动画还是漫画，大友克洋笔下所绘的都与主流风格截然不同，他的着眼点始终放在社会边缘的普通人——无可救药的高中生、暴走族小混混、黑帮成员、普通上班族，这些人特点鲜明，性格富有层次，表面上看充斥着卑微的暴力与争斗，但内心却各有追求。这些人物的形象全都是丑丑的，并不是大友克洋不会画，而是故意避免把角色画美，让读者和观众抛开外表着眼于内容，从普通的外表中寻找到坚强的内心，这便是大友克洋作品中最独特也是最吸引人的地方。

第六章　今　敏

第一节　今敏简介

今敏（Satoshi Kon）1963 年 10 月 12 日出生于北海道，毕业于武藏野美术大学造型学部视觉传达专业，2010 年 8 月 24 日，因胰腺癌逝世，享年 47 岁。

今敏高中时期就已经展露出漫画创作的天赋。1985 年，还在大学就读期间就在讲谈社漫画期刊《Young Magazine》初次发表了漫画作品《虏》，并获得该杂志颁发的优秀新人奖，正式出道成为职业漫画家。

1990 年，推出第一部漫画单行本《海归线》。

1990 年，在大友克洋执导的动画电影《老人 Z》中担任美术设计。

1991 年，将大友克洋执导的真人电影《国际恐怖公寓》漫画化。

1992 年，在押井守导演的动画电影《机动警察剧场版 2》中担任美术设定。

1992 年，在森本晃司导演的动画电影《她的回忆》中担任脚本、美术设定。

1993 年，担任《JOJO 的奇妙冒险》OVA[1]《DIO 的世界 花京院·结界的死斗》脚本绘制。

1997 年，执导首部动画电影《未麻的部屋》，影片获 1997 年亚洲奇幻电影节最佳亚洲影片奖。

2001 年，亲自担任原案、脚本，执导动画电影《千年女优》，被日本文化厅多媒体艺术节评选为年度最佳动画，并获得第六届 Fantasia 映画展最优秀动画作品奖与艺术革新奖、第 33 届 Orient Express Award 最优秀亚洲映画作品、泛亚电影节最佳动画奖。

2003 年，执导并兼任原作、脚本、人物设计的动画电影《东京教父》上映，影片入围 2003 年日本媒体艺术节赏年度最佳电影，并获选 2003 年第 7 届文部省文化厅媒体艺术祭动画部门优秀奖。

1　OVA 是 Original Video Animation 的缩写，一般指原创光盘动画。原创光盘动画，指通过 DVD、蓝光光盘等影碟发行的方式为主的动画剧集。为方便阅读，其后文中均使用 OVA 表述。

2006 年，执导动画电影《红辣椒》上映，获第 14 届 Chlotrudis Awards 最佳设计奖，入围第 63 届威尼斯国际电影节金狮奖。

今敏导演从高中时期就开始苦练漫画技术，有着极高的手绘能力，大学期间就在讲谈社开始连载漫画，展现出很强的故事创作能力。最幸运的是，他的这种能力被大友克洋和押井守两位动画大师看中，邀请他担任影片的美术设计，在工作过程中受这两位大师的启发，成功转型动画导演。

今敏导演的美术设计风格写实，笔触细腻，非常具有观赏性，他的人物刻画细致入微，角色造型设计和人物性格设定相辅相成，创造出了一系列具有鲜明特征的动画角色。他的影片展示出浑厚的思想底蕴，嬉笑怒骂间体现着世间的悲欢离合，让人拍案叫绝。令人惋惜的是，2010 年 8 月 24 日，今敏因胰腺癌去世，享年 47 岁。他留下遗言："我要怀着对世界上所有美好事物的谢意，放下我的笔走了。"

第二节　今敏代表作研究

一、《千年女优》

《千年女优》是今敏导演最具代表性的一部动画长片，影片于 2002 年 9 月 14 日在日本上映，获得了影评人的一致赞誉。

剧情简介：制作人立花源也十分崇拜著名的女星藤原千代子，他和摄影师井田恭二多方探访，找到了隐居 30 年的千代子。此时的千代子已经是 75 岁高龄，但是依然保持着非凡的气质，左眼下标志性的小痣依稀带着几分年轻时的俏皮。采访开始前，立花源也将千代子曾经视若珍宝、形影不离的一把钥匙还给了千代子，就此打开了一代影星的记忆之门。

记忆中的往事从千代子口中娓娓道来，原来这把钥匙属于年轻时千代子所爱慕的一个画家，然而由于历史的原因导致两人天人相隔。千代子从学校毕业后进入剧组工作，此后的演艺生涯中所饰演的影片从古代时代剧到未来宇宙航行，跨越千年，留下了无数脍炙人口的经典佳作。采访过程中，一个个精彩剧目自千代子口中娓娓道来，把自己的记忆和荧幕中的影像以及荧幕背后的故事交织在一起，勾勒出一个为爱执着追求的影星千代子传奇的一生。

影片最大的亮点莫过于今敏导演所使用的蒙太奇拍摄手法，将记忆中的千代子、银幕上的千代子和现实中的千代子三部分剧情切碎后完美地重新组合在一起，使得整部影片呈现出一种亦真亦幻、戏如人生、人生如戏的观感，而在虚实结合之际，一把钥匙的出现成功地将一切线索拧到了一起，不管戏里还是戏外，千代子内心始终在追寻忠贞的爱情，始终在等待那个无法实现的承诺，直到临终之际。

影片的美术设计也是登峰造极，为了表现千代子所出演的各个时代的影片，美术设计既要表现出时代特征，又不能脱离整部影片的风格，能够完成这样的美术设计，足可见今敏导演在美术设计上的功力深厚。

二、《东京教父》

2003 年，以流浪汉为主题的《东京教父》上映，今敏导演细腻、写实而又充满个性的美术风格搭配来自社会底层、充满犀利讽刺的主题，为他再次赢得一片赞誉。

剧情简介：在繁华的东京街头，璀璨的街灯背后，生存着一群流浪汉，年长的老金、人妖阿花、年轻女孩美由纪三人互相依靠生活在一起。

圣诞节前夜，三人在垃圾堆中捡到一个被遗弃的女婴，一直梦想着自己能够有一个孩子的阿花不顾众人的反对，执意要把女婴带回他们三人居住的纸板房养育一晚，并给女婴取名清子。经过一晚的考虑，阿花决定循着清子父母所留照片的线索送清子回家，三个流浪汉带着一个女婴踏上了回家的旅程。

在送清子回家的路上，三人的身世也如抽丝剥茧一般慢慢吐露出来，原来老金曾经拥有和睦的家庭，因为酗酒和赌博欠下巨款，不想连累家人而离家出走成为流浪汉；阿花自小就被遗弃街头，为了生存在酒吧打工，后来再度流浪街头；美由纪是一名高中生，因为与身为警察的父亲不和，意外刺伤了父亲而逃出家门流浪街头。每个人流落街头的原因各不相同，但是都有不得已的苦衷，在互相照料的流浪生活中形成了如同家人一般的牵念。

送女婴清子回家的这段旅程充满了惊喜与意外，看尽世间冷暖，清子就如同圣诞节前夜降临在三人流浪纸板屋的天使一般，指引三人走上一段救赎的旅程。旅途中，美由纪偶遇父亲，发现父亲不仅不记恨自己，而且拼尽全力在寻找自己；老金在医院与长大成人的女儿重逢，重新拾起做父亲的责任；人妖阿花实现了自己想要养育儿女的梦想。

影片获选 2003 年第 7 届文部省文化厅媒体艺术祭动画部门优秀奖。

今敏导演从流浪汉的视角演绎了一个充满了人情味的故事，与表面上灯红酒绿的城市生活形成鲜明的对比，辛辣地讽刺着城镇化的过程中一味追求表面的风光而忽略了人的内心世界。那些生活在社会底层的流浪汉，无论是什么原因导致他们无家可归，他们都没有舍弃心底的那一份人情，他们虽然生活窘迫，但依然保持着积极的希望。

三、《红辣椒》

2006 年，今敏导演的最后一部动画电影作品《红辣椒》上映，影片改编自筒井康隆的同名科幻小说。曾经有许多导演想将这部无数个梦境连接在一起的奇幻小说呈现在银幕之上，但是最终都无法准确地将这些想象中的神奇画面具象地通过胶片呈现出来。而在拍摄《千年女优》之时就已经熟练掌握想象与现实之间切换技巧的今敏导演便成为将梦境用现实画面展现出来的不二人选。

剧情简介：未来世界，一家精神医学研究所正在研发一款可以将人们的梦境相连的设备“DC MINI”，外表严肃冷酷的美女医师千叶敦子进入患者的梦境之中，化身成为热情似火的梦境侦探红辣椒，通过改变梦境来治疗患者的心理创伤。

意外突然发生，不明身份的人偶闯入患者的梦境，不仅破坏了患者的梦境，而且通过梦境控制他人在现实中大肆破坏，甚至将所有人的梦境连接在一起，妄图通过梦境的世界控制真实的世界。为了追查梦境背后的真凶，千叶敦子在天才科学家时田浩作的帮助下，化身红辣椒潜入层层梦境，终于抽丝剥茧般从一个虚幻的世界中抓住了唯一的真相。

这部影片最令人拍案叫绝的地方是今敏导演所展现出来的多线程叙事手法

以及剪辑技术。影片中所表现的故事不仅是梦境与现实这两条同时发展的主线，而且在其中作为关键情节，贯穿着既是最初的患者又是最终的解谜者——粉川警官的梦境。这个线程被打碎后剪辑在梦境与现实这两条主线之中，反而使得整个故事更加清晰易懂，就连原作者筒井康隆也给予今敏导演的这部《红辣椒》非常高的评价。

影片获 2006 年第 63 届威尼斯电影节金狮奖提名，入围第 63 届威尼斯国际电影节正式竞赛单元；2007 年获第 6 届东京动画大奖剧场电影部门作品赏优秀奖。

第三节　今敏艺术风格研究

一、注重内涵的美术风格

今敏导演大学就读于武藏野美术大学，这是一所美术造型艺术教育的综合性大学，是日本学科领域分类最多并且教育规模最大的美术专门高等学府，与东京艺术大学、多摩美术大学同为日本顶级美术大学。这样的教育背景使得今敏导演具备非常扎实的美术功底，这也使他在各种不同美术设计中游刃有余。在影片《千年女优》中，今敏导演为了配合女主角的演艺生涯而模仿各个时期影院招贴风格所绘制的二十多张电影海报堪称一绝，其中最能体现出美术设计功底的莫过于在模仿旧时期电影海报艺术风格的同时，还能保持与本片艺术风格接轨，一张张海报之中，女主角千代子仿佛穿越了千年的时空，与影片主题相互呼应，这种美术功底，即便是在强手如林的日本漫画界也难逢敌手。

今敏导演的角色设计也是独树一帜，他所设计的角色结构比例严谨，外貌极具个性特征，甚至有一些诡异。他的美术设计总是能深入角色性格，通过角色的内心而不是通过华丽的外表去体现“美”。最为典型的莫过于《红辣椒》中女主角千叶敦子现实与梦境中截然不同的美术设定，现实中的千叶敦子知性而冷漠让人敬而远之，梦境中化身的红辣椒热情似火，吸引着影片中的所有男性角色。单从外表上看，无论是在梦境还是在现实，两个女性角色的美术风格都不能算性感、妖娆或美丽，但是今敏导演却从细节入手，从角色的一颦一笑甚至一个小动作表现出了对异性的吸引力，使这两个女性形象在观众内心留下深刻的印象。

今敏导演的角色设计还有一大特点，就是从艺术的角度出发，不拘泥于形式，不大考虑观众以及市场的导向。1997 年执导的第一部动画电影《未麻的部屋》就大胆地加入了许多成人倾向的镜头，而在影片《红辣椒》中更是有着明显的成人倾向，无论是影片内容还是画面都或明或暗地表现着性与诱惑，让他的观众群体被限定在成年人，也使他的影片票房收入受到了限制。

二、细节丰富的分镜绘制

今敏导演影片中表现出两个最大的特点：一是多线程的叙事；二个是细腻的表情和微动作刻画，这两个特点在他的分镜稿中清晰地体现出来。《千年女优》有 1014 个镜头，《东京教父》有 945 个镜头，虽然镜头数量并不是特别多，但是由于大量的镜头中包含着细部的表情和动作描写，今敏导演将这些表情变化和动作变化绘制下来，所以同样是 1000 个左右的镜头，今敏导演所绘制出的分镜稿明显要厚一些。拿着今敏导演这种连眼神变化都已经清晰绘制出来的分镜稿，相信原画动画环节必然能清晰地将导演的构思呈现出来。

今敏导演获得赞誉最多的是他对多线叙事的把握，无论是《千年女优》中回忆与现实的交织，《红辣椒》中梦境与现实的穿插，还是《东京教父》中三个流浪汉各自人生故事的交接，所需要的都是导演对镜头衔接的把控，今敏导演的分镜中清晰地展现出了他对镜头的构思，其中一些精妙的镜头运动衔接是脱离于传统镜头理论形成的独特创新。无论是《千年女优》中流畅而华丽的动态衔接转场，还是《红辣椒》中快节奏的越轴镜头，都体现出导演对镜头的创新思维。非常有趣的是，在《红辣椒》一片中，今敏导演在影片中设置了一个特殊的角色——粉川警官的大学同学，两人在粉川警官的梦境中讨论电影拍摄理论，并通过这位学长的口提出了一个困扰粉川警官多年的问题“接下来要怎么拍？”这一剧情安排仿佛是今敏导演在迷茫之时向自己提出的问题，而最终他也通过《红辣椒》的镜头把这一问题回答了出来，那就是面对非常规的剧情要敢于突破常规的理论束缚，只要经得住实践的检验，能让观众认可，就是成功的创新。

第四节　浅析今敏动画中的非线性叙事

一、非线性叙事电影综述

电影艺术自最早的默片时代至今不过 100 多年，却已经发展成为一个举足轻重的艺术产业，不仅电影技术有着长足的进步，而且电影理论也随之不断进化。从电影艺术的发展过程不难看出，电影导演所追寻的创新之路大体上可以分为两条：一是从电影的叙事性出发，以影片的内容和故事叙事来打动观众；二是从影片的视听效果出发，以震撼的视听感受来打动观众。从电影叙事的角度出发，又可以分为线性叙事和非线性叙事，其中线性叙事依然是电影导演们使用最多的叙事结构，但是对于一些特殊类型的剧本，比如悬疑、科幻类的故事，线性叙事就会显得过于平淡，导致剧情展开得太过清晰而失去吸引力。因此，很多导演在叙事结构上寻求突破，将原有的故事打破撕碎，利用多条线索重新组合，形成多条线索分别叙事，最后汇聚在一起完成主线叙事。这样的叙事方式并不容易掌握，使用恰当的时候能给观众带来层层惊喜，但是处理不当又会造成叙事不清，导致观众无法理解剧情。最具代表性的莫过于盖·里奇导演的《两杆大烟枪》，这部影片最成功之处在于第一次将非线性叙事的手法展现在观众面前，让人看完影片之后大呼过瘾，这部电影也将原本名不见经传的盖·里奇导演推上了神坛，靠着不一样的叙事手法，将一部拍摄成本只有 160 万英镑的影片硬是卖出了英国影史前列的票房，其更大的贡献在于电影导演对叙事手法展开了新的探索路线。

二、今敏动画中的非线性叙事

对于动画电影而言，因为其表现形式以及受众群体的特殊性，很少有导演会尝试使用复杂的非线性叙事方式。在这个领域，今敏导演可以说是一枝独秀，他在《未麻的部屋》《千年女优》《东京教父》《红辣椒》中都运用到了多线叙事的手法，体现了今敏导演对非线性叙事手法的独特理解。

（一）早逝的天才导演

今敏 1963 年 10 月 12 日出生于北海道，高中时期就已经展露出漫画创作的天赋，他苦练漫画技术，有着极高的手绘能力，大学期间就在讲谈社开始连载漫画，展现出很强的故事创作能力。幸运的是，他的这份能力被大友克洋和押井守两位动画大师看中，邀请他担任影片《老人 Z》《国际恐怖公寓》和《机动警察剧场版 2》的美术设计，在工作过程中得到这两位大师的启发，成功转型动画导演。1997 年，执导首部动画电影《未麻的部屋》，今敏导演首次尝试“剧中剧”的叙事手法，利用色彩的变化以及剪辑的衔接，在现实、梦境、幻觉之间展开了极具电影效果的多线叙事，广获好评。

其后，分别于 2001 年拍摄《千年女优》，2003 年拍摄《东京教父》，2006 年执导《红辣椒》，在这三部影片中，今敏导演无论是在叙事手法上还是制作技术上，都越发成熟，形成了独具风格的艺术特征，他的影响力与日俱增，2006 年 9 月，《红辣椒》入围第 63 届威尼斯国际电影节金狮奖，在国际上锋芒初露。

不幸的是，2010 年 8 月 24 日，今敏导演因胰腺癌逝世，享年 47 岁，在他的艺术才华正要大放光芒之际英年早逝，成为日本动画界最大的遗憾。

（二）《千年女优》中隐藏的叙事线

1. 现实

在影片《千年女优》中，电影制作人立花源也为了拍摄一代传奇女星藤原千代子的传记故事，带着摄影师井田恭二千辛万苦来到千代子的隐居之所，同时还带来了一把千代子视若珍宝、后来不慎遗失的钥匙。重新将钥匙握在手中的千代子打开了记忆的宝库，在镜头前将自己的一生娓娓道来。

在将自己演艺生涯的一幕幕重新回忆的过程中，年老的千代子终于认清了现实——画师早已死去，年轻的自己不过是追逐着幻想努力前行，但也正是为了让画师这个虚幻的人物看到最美的自己，才有动力这么努力地拍戏，年轻的千代子才得以在银幕上永葆青春。

2. 回忆

回忆中的千代子，成长于动荡的年代，高中时期遇到了当时被作为“思想犯”追捕的年轻画师，在帮助画师逃跑的过程中两人互生爱意，画师将自己箱子的钥匙托付给千代子，并留下一个将来带她一起回老家游览的承诺后乘上火车继续逃亡。

千代子想努力追上启动的列车，但是最终跌倒在车站，只能眼看着列车远远驶去，这也成为她一生的写照，一边跟着剧组走南闯北地演戏，一边四处打听画师的下落。千代子一心憧憬着将最美的自己展现在银幕上，她努力演好每个角色，以期引起画师的注意。不知不觉中她演遍了日本历史上战国、幕府、大正、昭和……所有大时代的故事，出演的角色类型丰富，女武士、艺妓、忍者、宇航员……出色的演出终于招致同行的妒忌和导演的邪念。为了追求千代子，导演大泷淳一设下圈套偷走了她珍贵的钥匙，万念俱灰之下，千代子退出影坛嫁给了大泷淳一。

3. 立花源也和井田恭二

在影片《千年女优》中，电影制作人立花源也和摄影师井田恭二这两个角色无论是从美术设计还是故事定位上看都是次要的配角，但是仔细分析今敏导演对女主角千代子“回忆”与“现实”这两条故事线的演绎却发现，这两个看似配角的人物才是今敏导演多线叙事的关键。影片中表面上是通过钥匙这一关键道具将千代子的“回忆”与“现实”联系在一起，但是今敏导演手中那个在千代子“回忆”与“现实”之间来回自由切换的开关，实际上是立花源也这条似有似无的故事线。立花源也不仅是展开《千年女优》整部影片的导线，而且是一条能够串联千代子“回忆”与“现实”的叙事线，今敏导演借助摄影师井田恭二这个第三方视角去发现隐藏在千代子“回忆”中的立花源也，慢慢展开了他的故事，原来立花源也不仅是千代子的影迷，而且作为电影厂一名幕后工作者与千代子共事多年。他在“现实”中开启了千代子的记忆之门，又在“回忆”中见证了千代子传奇的一生，更重要的是通过他的视角补全了千代子记忆中缺失的部分，使一代传奇影星千代子的人生最终得以完美谢幕。

（三）《东京教父》多条叙事线的交汇

圣诞节前夜，中年大叔老金、人妖阿花、女孩美由纪三个流浪汉在垃圾堆里捡到一个弃婴，老金和美由纪想立刻将女婴交送到警察局，但是人妖阿花提出这是圣诞节前夜，想要抚养女婴一晚，也算完成了自己的一个梦想。第二天，三人通过女婴襁褓里的储物柜钥匙找到了女婴父母的照片，于是三人循着照片中的线索踏上了送弃婴清子回家的路。

在繁华的大城市东京都，生活着一群无家可归的流浪汉，这些人为什么成为流浪汉？什么原因造成了他们选择这样的人生？成为流浪汉之前他们的生活是怎样的？似乎每个流浪汉背后都深藏着一个不为人知的故事，《东京教父》影片所关注的便是这样一群特殊的主角。

1. 老金

老金是流浪汉中比较强壮的，在他的照顾之下，其他的流浪汉不敢欺负人妖阿花和女孩美由纪。他为自己流浪的故事编了一个谎言，自己以前是自行车运动员，曾经拥有幸福美满的家庭，但是女儿得了重病，为了给女儿凑钱治病而参与了假赛，被取消选手资格后女儿病死，妻子离家出走后自己就此流浪街头。在送清子回家的路途中被小混混打伤住院时遇到了长大成人的女儿，原来老金真正离家流浪的原因是酗酒、赌博欠了黑社会的钱，为了逃债才抛妻弃子，从女儿口中得知母女二人安好的消息之时，老金深藏在心中的那个死结也逐渐松动了。

2. 阿花

人妖阿花自幼被家人遗弃，他曾经在一家有名的酒吧工作，广受同事和客人的喜爱，有一次被客人侮辱他是人妖，一怒之下大打出手，从那以后再也没敢回到酒吧工作，成为一名流浪汉。

阿花坦诚而真实，他从未掩饰自己对成为真正女性的向往，他从垃圾堆捡到清子的那一刻起就下定决心要保护清子，不愿让她受到一丁点伤害。正是在阿花善良与执着的感召下，老金和美由纪才奋不顾身地帮助阿花一起保护清子，帮清子寻找抛弃她的父母。

影片结尾处，人妖阿花看到坠楼的清子，毫不犹豫地飞身一跃，一手抱着清子一手抓着大楼上的广告条幅，伴随着缓缓升起的太阳如同天使般缓缓落下的一幕将影片定格在了高潮。

3. 美由纪

美由纪是个非常叛逆的女孩子，她对自己的过去绝口不提，流浪街头时受到了老金的很多照顾，在其他流浪汉眼中就如同老金的女儿一般。在护送清子回家的途中被刺杀黑帮老大的杀手当作人质带走，面对言语不通的杀手妻子，美由纪道出了内心的苦楚——当警察的父亲不支持自己养猫，在得知父亲已经将猫送走时用刀刺伤了父亲，惊慌之下离家出走流落街头，虽然心中对父亲充满了歉疚，但是始终不敢与家里联系。直到在清子家废弃的报纸上看到了父亲刊登的寻人启事，才鼓起勇气拨打了家中的电话。最终，身为警官的美由纪父亲带着清子的亲生父母前来感谢流浪汉，在病房中美由纪父女相见，这应该是影片最温暖的一个分支结局。

4. 清子

被遗弃的女婴清子，可以说是特殊的流浪汉，她刚出生没多久就被遗弃在垃圾堆，成为无家可归之人。影片中今敏导演用来切换各条故事线，推进剧情发展的秘密武器其实是清子这条故事线，如果不是清子的到来，可能几个流浪汉会将自己的过去一直掩埋在心底。在圣诞节前夜，清子如同天使般来到三个流浪汉的纸板房，让流浪汉内心深处的温情开始萌芽。在护送清子回家的途中，老金与女儿巧遇，阿花养育儿女的梦想得以实现，美由纪得以与父亲重逢，三个流浪汉的故事如同支流一般时而与清子的故事线汇合，时而展开新的分支，所有的故事线最终汇聚在清子天真无邪的笑容之中。影片中的清子对于老金、阿花、美由纪这三个流浪汉来说就是降临人间的天使，而对于今敏导演来说，清子就是帮助自己完成多重叙事的关键。

（四）《红辣椒》隐藏在无序梦境中的情感线

影片《红辣椒》改编自筒井康隆的同名科幻小说，影片中梦境与现实不断重叠，人物关系错综复杂，现实与现实、现实与梦境、梦境与梦境不断交织，可以说达到了多线叙事表现的极致。在这部影片中，今敏导演所使用的非线性叙事手法更加大胆，他并没有像以往那样，使用关键道具或者人物进行叙事的切换，而是架构了梦与现实的框架，通过主角的行动来穿插、连接多维的叙事，保留了原著梦境元素的同时，也使得整个故事更加简单易懂。

1. 红辣椒

当女医生千叶敦子通过 DC MINI 进入梦境为患者进行治疗时，她就会化身为热情似火的红辣椒。在梦境中，她永远充满激情，仿佛能看透患者的心结与欲望，并能配合梦境的潜意识变化自己的身份，小精灵、斯芬克斯、孙悟空、人猿泰山，在一个又一个奇幻的梦境中陪伴患者演绎精彩的结局。

在金敏的影片中，红辣椒的形象如同这个名字一样，是人生中一味热烈的调味剂，代表着冒险与刺激。她与社会中人们压抑本性的现实形成鲜明的对比，成为压抑工作环境下，男性都暗自欣赏的女性形象。这种形象映射进现实，也使得包括粉川刑警在内的所有在梦境中接触过红辣椒的人都对她现实中的形象——千叶敦子医生充满了爱慕之情。

2. 千叶敦子

女医生千叶敦子与天才科学家时田浩作一起开发了DC MINI，开始试验通过梦境治疗心理创伤。设备尚处于试验阶段就失窃了，两人沿着线索开始追查遗失的设备，却发现失窃事件背后隐藏着更大的阴谋，有人已经通过DC MINI将梦境与现实融合在一起，受到影响的人们梦境相连，并且在融合的梦境中开始了大游行。现实中的人因为分不清梦境与现实，发生了多起坠楼事故，就连敦子也差点坠楼。

随着两人的深入调查，事件背后的主脑逐渐露出真容，原来是身有残疾的董事长教唆另一位天才科学家小山内配合他一起制造的梦境融合，董事长吞噬了梦境与现实，成为混合世界的大魔王，肆意破坏一切。危急存亡之际，敦子坦然承认了自己内心中对时田浩作的爱，以红辣椒作为佐料，与时田浩作化身的机器人融为一体，最终战胜了董事长，平息了这场贯穿梦境与现实的灾难。

3. 粉川刑警

整部影片中，粉川刑警的支线故事是最为特殊的，这几乎是个独立的故事，但它与主体的梦境现实太混乱又互相关联。从今敏导演对粉川刑警这个分支故事的处理，可以看出他在拍摄《红辣椒》时使用的非线性叙事方式是搭好框架，然后将混合在一起的多个梦境与现实在框架范围内自由重组。最典型的手段就是让粉川刑警通过自己梦境中的荧幕钻进小山内困住红辣椒的房间，这样两个叙事线就交汇了，而粉川刑警将敦子救出后两条叙事线又各自独立发展，影片结束时出现了各自的结局，敦子嫁给了时田浩作，粉川刑警也最终走出了自己的心理障碍。

粉川刑警的故事还有一个特殊的地方，他学生时代的梦想是当一名电影导演，他的梦境也是由《戏中之王》《人猿泰山》《罗马假日》《007之俄罗斯之恋》这几部经典电影场景组成，而梦境中的电影院前竖立的海报上是今敏导演的影片《未麻的部屋》《千年女优》和《东京教父》。从中可以看出粉川刑警的梦境故事是在致敬某位电影导演，今敏利用非线性叙事的特点，将自己对电影的热爱拆解成无数细小的线索穿插在影片之中，使观众对影片的解读增添了更多的欣赏角度。

三、结语

从牛刀小试的《未麻的部屋》到稳定成熟的《千年女优》《东京教父》，再到寻求突破的《红辣椒》，可以看到今敏导演在非线性叙事的手法上一直在尝试寻求突破。《千年女优》中，使用贯穿回忆与现实的电影制作人立花源也作为叙事切换的中介，以一个第三方的视角组织了女主角千代子人生各个阶段的故事。这样的叙事相当于把导演置身于影片之中，以导演的视角调度影片的各个场景进程，其优点是“乱中有序”，时间节点各不相同的支线故事组成了复杂而庞大的故事框架，导演身处故事之中，按自己的节奏对所有的支线故事进行非线性编辑，把握故事的整体性，这样的叙事方式极具导演的个人特征，也更加考验导演的非线性编辑能力。

《东京教父》中，使用了老金、阿花、美由纪三个流浪汉护送弃婴清子找回家人的主要线索，在叙事中将清子作为情节切换器，非线性地叙述三个流浪汉各自的故事。这种非线性叙事的手法更为常规一些，就是沿着主线情节的线性叙事，以突发事件作为节奏点插入支线剧情的非线性叙事。这种方式的优点在于叙事逻辑更加清晰，观众更容易看懂，这样的手法也更加容易学习和推广。

《红辣椒》可以说是今敏导演非线性叙事手法上一次大胆的突破，他对整个影片进行架构，就好比把“梦境”和“现实”分成多个摄影棚，这些小的摄影棚合在一起组成了一个大的摄影棚，演员可以在各个场景自由穿梭，导演既在影棚中又在影棚外。唯一一条线性进展的剧情就是纵贯整个影棚的梦境大游行，游行队伍经过之处，分支影棚的演员便会加入其中，就这样一步步把所有的支线都缠绕在一起，形成梦境与现实的终极混合，逐渐把影片推至高潮。

从今敏导演非线性叙事手法的演变可以看出，在动画电影中使用非线性叙事的手法可以给予导演更大的发挥空间，为影片注入更多的个人特征，同时也留给观众更多的思考空间。在动画电影受众群体不断扩大的今天，使用更具思想性的非线性叙事手法，可以在当前市场环境下开拓新的空间。

第七章　押井守

第一节　押井守简介

押井守（Mamoru Oshii）1951年8月8日出生于日本东京大田区，毕业于东京学艺大学，大学期间开始独立制作电影，毕业后便加入了著名的龙之子动画制作公司。押井守导演风格多样，作品范围广泛，从动画连续剧、OVA、动画电影、真人电影到漫画等领域都有涉猎。由于他的作品在海外享有非常高的声望，使得他与宫崎骏、大友克洋并称日本三大动画大师。

1982年担任动画剧场版《福星小子1：只有你》的导演。

1984年执导《福星小子2:绮丽梦中人》,在影片中注入了自己的大量想法，从构图、运镜以及氛围处理上进行了大胆的尝试，获得外界的广泛关注。同年成为自由职业者。

1990年执导了《机动警察剧场版1》，1993年执导了《机动警察剧场版2：和平保卫战》，这两部动画将这一系列与“高达”系列和“太空堡垒”系列相媲美的机械人漫画推上了历史顶峰，也正是在这两部作品中，形成了押井守导演独特的风格。

1991年，自编自导拍摄动画电影《地狱番犬》。

1995年，执导改编自士郎正宗同名漫画的动画电影《攻壳机动队》，2004年执导《攻壳机动队2：无罪》，这一系列作品可以说是动画电影史上最完美的组合，士郎正宗《攻壳机动队》漫画在科幻内容上超越时代的宏观架构搭配押井守导演独特的视角和大胆的创作,使这一系列作品成为科幻电影中的经典，影响了无数的导演和作品。2004年,《攻壳机动队2：无罪》入围第57届戛纳国际电影节主竞赛单元，押井守导演也于2005年凭借该片获第44届安妮奖最佳动画电影导演奖提名。

2001年，执导了由玛尔歌泽塔·弗雷姆夏克主演的科幻电影《阿瓦隆》，押井守导演执导的真人电影还包括《觉醒的方舟》(2005年)、《立食师列传》

（2006年）、《手机探员7》（2007年）、《武装女猎人》（2009年）、《东京无国籍少女》（2015年）、《血之友》（2022年）。

2008年，执导动画电影《空中杀手》，入围第65届威尼斯国际电影节主竞赛单元，获第65届威尼斯国际电影节未来数字电影奖，于2009年获第32届日本电影学院奖最佳动画电影提名。

2010年，受微软邀请参与游戏《光晕》的衍生动画短片集《光晕：传奇》制作。

押井守导演创作领域广泛，推出小说《立食师列传》、舞台剧《铁人28号》。

第二节　押井守动画代表作研究

一、《福星小子2：绮丽梦中人》

本片是高桥留美子[1]长篇连载漫画《福星小子》的第二部电影版，押井守导演提取了原作中外星女孩拉姆、性格懒散的主角诸星当、富二代贵公子面堂终太郎、巫女樱花老师等人物要素，叠加了浦岛太郎、梦魔等传说故事线索，脱离原著重构了一个独特的《福星小子》故事。

剧情简介：友引高中即将迎来学园祭，校园中一片嘈杂，同学们都在为各自的班级和社团忙碌着，阿当（诸星当）和面堂（面堂终太郎）所在的班级尤其热闹。随着面堂将自家的坦克运进班级教室，整个场面更是混乱到无法收拾。

混乱的一天过去后，温泉老师开始发现事情不对劲，身边的时间似乎在不停地重复，同学们明明都已踏上了回家的路，最终却莫名其妙地返回到学校门口。樱花老师和面堂也发现了事情不对劲，指挥同学们展开调查，终于发现除了诸星家以外，其他地方的时间都处于异常状态，于是针对诸星家进行深入调查，终于化解了这次危机。

押井守导演利用本片展开了一个哲学性的探讨，如果浦岛太郎的故事里，去到龙宫的不是浦岛太郎，而是整个村子都去了龙宫会是怎样的一种情况。这

1　高桥留美子（Takahashi Rumiko），日本著名女性漫画家，1957年10月10日出生于日本新潟县。是小学馆的代表漫画家之一，她的代表作包括《福星小子》《相聚一刻》《人鱼之森》《乱马1/2》《犬夜叉》《境界之轮回》等。

个探讨的核心在于“时间”，浦岛太郎去龙宫住了一天，回来以后发现外面已经过去了百年，对于这样一种天上一天、地上一年的神话故事，各国都有不同的演绎。押井守导演则利用影片中诸星家是正常时间，而诸星家以外的地方是不同步的时间状态，演绎出了自己心目中对浦岛太郎故事的疑惑。

本片最令人赞叹的地方在于押井守导演极具个性的构图，与影片中的悬疑气氛相匹配，押井守导演实验性地使用了大量的大变焦比构图，包括利用积水、水杯、镜子等的反射图像进行构图，利用车灯的光照范围进行构图，利用黑白对比进行构图，使得影片呈现出一种与众不同的特征。特别是将这种近乎鱼眼的大广角畸变与镜头的运动配合起来，形成了非常特殊的动感。

押井守导演在影片中对梦境迷宫的演绎可谓经典，片中众人到校舍检查疑点的一幕中，校舍的上下与左右贯穿，形成无限迷宫的状态，校舍中镜子无限反射形成重复空间的状态，都为今天很多导演提供了想法，其中最明显的莫过于克里斯托弗·诺兰执导的《盗梦空间》。

押井守导演在影片中的创新虽然令人咋舌，但是这样的演绎完全脱离了《福星小子》原作中热热闹闹、嬉笑怒骂的感觉，影片亦获得了一定的争议，失去了喜欢原著漫画的观众支持，尽管原作者可能是看过动画脚本的，但对于漫画作者高桥留美子本人也还是有些不开心的吧。

二、《机动警察剧场版1》

《机动警察 PATLABOR》是结城正美创作的长篇科幻漫画，讲述了虚构的日本警视厅警备部特车二课的故事。该漫画 1988—1994 年在小学馆的《少年SUNDAY》连载，掀起了《机动警察 PATLABOR》热潮，与当时流行的“高达”“太空堡垒”共同引领机甲系漫画走上巅峰。1990 年，押井守导演推出了该系列的第一部剧场版。

剧情简介：生产大型机器人的篠原重工为了提高工程机器人 Labor 的工作效率，研发了新的操作系统 HOS。系统尚未投入使用，天才程序员帆场瑛一在系统中植入病毒后跳海自杀，从而引发了一场惊天阴谋。

在一次执行任务的过程中，特车二课发现了突然抛开驾驶员进入自动驾驶

状态后暴走的工程用 Labor 机器人。沿着这条线索调查下去，篠原游马和后藤队长发现了更为恐怖的阴谋，为了阻止全东京的 Labor 集体失控，特车二课全体成员奔向了东京湾中央的巨型方舟。

押井守导演执导的《机动警察剧场版 1》可以看作他风格成型的代表作，他依托漫画原著的世界观和主角团，在原著设定的“东京”框架之下，植入了自己的故事，本片可以说是借助特车二课演绎的探案故事，后藤队长的运筹帷幄加上篠原游马的调查推演将案件背后的阴谋如抽丝剥茧般慢慢呈现在观众眼前，将悬疑气氛演绎得淋漓尽致。

不同于其他的机甲类动画，本片中的战斗场面极为写实，虽然只在影片开头和结尾处出现了精彩的战斗画面，战斗虽短却制作精良，机器警察的每一发子弹、每一次撞击都画足了细节，令机器人的战斗充满了拳拳到肉的真实感。这种级别的机甲战斗动画，在 20 世纪 90 年代是非常考验导演美术功底的，那个时候还没有普及电脑 CG 技术，画面上所有的透视都需要依靠手绘表现，再加上押井守导演特别喜欢使用具有纵深感的构图，这就意味着机器人在运动过程中，每一帧都需要校准线条，保证透视关系正确。这种构图与镜头设计虽然有难度，但是画面效果极佳，单就片头军队捕捉失控机器人这段动画而言，的确达到了当时的巅峰，一下就抓住了观众的眼球。

三、《机动警察剧场版2：和平保卫战》

1993 年，押井守导演推出了《机动警察 PATLABOR》的第二部剧场版《机动警察剧场版 2：和平保卫战》。《机动警察剧场版 2：和平保卫战》中，押井守导演几乎抛开漫画原著对故事和角色进行了重构。对此虽然惹恼了原著的粉丝，但得到了更多观众的认可，也让更多的人深深地爱上了押井守的导演风格。

剧情简介：自卫队对现有的防卫制度不满，其中以拓植行人为代表的一派采取极端手段展开“兵变”逼迫政府改变现状，他们先是伪造美军 F-16 战机发射导弹炸断跨海大桥，继而通过充满瓦斯气体的飞艇制造恐慌。由于拓植行人在利用导弹炸毁跨海大桥后就失踪了，为了能在不引起民众猜疑的情况下将他捉拿归案，军官荒川茂树以自卫队调查室的名义请求特车二课帮忙搜查。后藤队长和代理课长南云忍虽知道这不过是政治把戏，却也不得不配合行动，不过后藤队长又岂会对事件背后的真凶坐视不管，他暗中联系特车二课的老队员们，做好了应对之策，在武器装备都被摧毁之后，利用之前被替换掉的老装备重新组织战力成功突袭了敌人的基地，逮捕了拓植行人。

这部《机动警察 PATLABOR》的剧场版动画在押井守导演的改编之下，呈现的是与原著大相径庭的风格脉络，甚至连主角都从阳光明快的 Patrol-Labor 驾驶员泉野明和她的搭档篠原游马变成了满肚子都是城府的队长后藤和人到中年的代理课长南云忍。主角的变化就将影片的结构转向了更加成人化的政治话题，影片所展现的更多是对现实的思考以及对未来的担忧，影片中虽然引用的是《机动警察 PATLABOR》漫画所架构的虚拟日本世界，但又直白地将自卫队与美国驻军的矛盾展现出来。影片通过剧情的展开，将这种驻军形式背后的政治利益勾结赤裸裸地展现出来，引发日本民众思考，希望民众不要被眼前的平衡所迷惑，要为未来的幸福作出更多考虑。

《机动警察剧场版 2：和平保卫战》在制作过程中用到了早期的 CG 技术，与《机动警察剧场版 1》相比，画面的质感和细节有质的提升，在新技术的支持下，押井守导演也可以在有限的预算之下展现更多的机甲战斗篇幅，特别是大量不同视角的镜头切换，让战斗画面更有代入感。可以说，这部影片把当年押井守导演想要表达的一切都完美地呈现了出来，这也代表他的导演技术走向了巅峰。

四、《攻壳机动队》

《攻壳机动队》漫画原著由士郎正宗于 1989 年 5 月开始在讲谈社青年漫画刊物《周刊 Young Magazine》连载。公元 2029 年，人类科技在人工智能、生化改造科技、电脑网络、移动通信等领域飞速发展，这些科技的结合使得人体器官改造成为可能，人类社会进入了赛博朋克的世界，几乎每个人都改造过身体器官，这种情形下，每个人仿佛都变成了居住在机械躯壳中的灵魂，因此原著的故事核心放在了讨论人与机器的界限问题。女主角草薙素子由于遭受事故而进行了最大限度的器官改造，除脑与脊髓的一部分外全部义体化，她也因具备更加强悍的战斗能力而被招募至公安九课（攻壳机动队），专门处置需要秘密处理的棘手案件。

1995 年，押井守改编士郎正宗的同名漫画，拍摄了《攻壳机动队》（Ghost In The Shell），演绎了一个未来感十足的赛博朋克世界。该片一经上映，在全世界范围引起热议，影片中的各种未来感十足的科技元素对其后的诸多科幻影片导演都有着重要的启发和影响。其中，最有名的莫过于沃卓斯基兄弟导演的《黑客帝国》，而好莱坞更是于 2017 年推出了由鲁伯特·山德斯执导、斯嘉丽·约翰逊主演的《攻壳机动队》电影，利用最新的特效手段展现了更为华丽的画面效果。

剧情简介：公安九课受命插手公安六课的案件，需要用秘密手段除掉被六课抓捕的外交官以及受他包庇的出逃程序员。草薙素子进入隐身状态，从外交官住所大楼顶端一跃而下，神不知鬼不觉地从摩天大楼窗外击毙了外交官。从出逃的程序员入手，公安九课开始调查"2501 计划"，调查过程中素子等人发现他们一直在追踪的网络黑客"傀儡师"其实并不是真实存在的人，而是 2501 计划开发过程中意外诞生的人工智能（AI）程序，它可以通过网络入侵义体，并将义体原先的记忆和思维替换掉。

在最终的战斗中，素子的义体被保护傀儡师的装甲机器人打得支离破碎，为了查明真相，她在同事巴特的帮助下与傀儡师连线，因此得知傀儡师是仍在学习进化中的 AI 程序，而素子也因为接触这一程序而进入了新的领域，从此完全抛开义体，成为网络中的灵魂。

押井守导演在拍摄本片时汲取了《福星小子 2：绮丽梦中人》的经验，提前与士郎正宗完成沟通，取得自由改编的权利，因此得以自由发挥，将影片的主题上升到了对灵魂的考问，当人的身体都从功能性出发替换成机械的义体，那么存留在义体中的灵魂是否还能称为人类？当义体中的记忆可以被黑客程序任意替换，那么存在于义体中的灵魂又变成了什么？当化身 AI 程序的傀儡师与素子结合体可以任意夺取义体寄宿时，对五光十色的现实世界来说又意味着什么？押井守导演将这些有深度、有层次的问题抛给了观众，使观众对未来的世界展开无限遐想，这些话题至今仍为人津津乐道。

影片中最经典的画面莫过于片头草薙素子展开隐形装甲，从摩天大楼楼顶一跃而下的一幕，押井守导演大胆地采用了俯视的构图，素子划过天际渐渐隐去身形，画面中的大楼与街道仿佛发生了折射错位，眨眼间又仿佛什么都没有发生，亦真亦幻，将观众迅速引导到影片的正题中来。而借着隐形装甲的概念设计，押井守导演将自己对构图的特殊理解发挥到了极致，影片中的素子与身着隐形装甲的罪犯在市场格斗一段堪称经典，除了利用水面、窗户、镜头等第三人称视角构图以外，更是利用隐形人在水面踏出的水花作为动态引导，形成视觉中心，这一组镜头的设计也是令人拍案叫绝。

五、《攻壳机动队2：无罪》

2004 年，押井守导演推出了系列电影的第二部《攻壳机动队 2：无罪》，利用日益成熟的 CG 技术绘制出了一个具有划时代意义的赛博朋克世界，本片入围第 57 届戛纳国际电影节主竞赛单元，押井守导演也于 2005 年凭借该片获第 44 届安妮奖最佳动画电影导演奖提名。

剧情简介：草薙素子与“傀儡师”结合为人工智能离开公安九课后，巴特和特古沙成为九课的主力探员。一天，城市中发生了女性人偶机器人失控事件，机器人在杀害两名警探后被赶到现场的巴特击毙。然而，这只是一系列人偶杀人案件中的一宗，巴特和特古沙就此展开调查，顺着线索抽丝剥茧，终于将案件的核心定位到生产人偶的洛克斯·索罗斯公司。为了查明真相，巴特只身闯入洛克斯·索罗斯公司的巨型船舶，却遭遇防卫人偶的攻击，危急关头素子将自己的部分程序上传给其中一个人偶，帮助巴特闯进控制室制止了洛克斯·索罗斯公司的犯罪行为。

押井守导演对本片的改编幅度之大可以说是绝无仅有，不仅抛弃原著的绝对主角草薙素子而起用巴特和特古沙这一对大叔搭档，而且连世界观都有所区别，《攻壳机动队 2：无罪》将未来世界定位到了一个具象化的赛博朋克世界，其中提炼出的“五花八门的霓虹灯”“大楼林立的城市”“遍布的广告牌”“将肢体改造成纯武器的黑帮”“脑后插管连接网络”“黑客”“阴暗而低纯度的场景”

等视觉元素时至今日依然是赛博朋克风格的主要视觉元素。本片如果把巴特和特古沙替换成另外两个形象，再把可有可无的素子替换成某个黑客形象，就可以变成一部与《攻壳机动队》完全没关系的赛博朋克影片。

影片中，押井守导演进一步针对机器与生命的哲学命题展开讨论，当越来越多的义肢取代了肉体，那么人的生命该如何定义？当机器具有了自己的意识，那是否意味着机器拥有了生命？这一命题便是如今赛博朋克类影片讨论的核心问题。影片借工程师哈拉维之口阐述了机器人一方的境遇，那就是伴随着科技的进步，新功能、新设备的出现，老旧机器人迅速被替代抛弃，不甘于此的部分机器人便会展开微弱的反抗，这种主观意识的出现是否相当于生命的诞生呢？而洛克斯·索罗斯公司提取真人的意识去丰富机器人行动的做法，也从人伦的角度对生物科技的发展提出了担忧。

押井守导演在影片中通过巴特饲养的一只巴吉度狗给整个冰冷的世界带来一丝温暖。未来的赛博朋克世界，有着五光十色的华丽外表，表面异常繁华，但是作为世界主体的人却逐渐转变成了冰冷的机械，仿佛傀儡般行动，无法界定究竟是生还是死。只有当巴特关上房门回到自己的小天地，乖巧的巴吉度爬到巴特的肚子上睡觉时，那种真实的心跳才能带来生命的温度。

六、《空中杀手》

2008年，押井守导演改编小说家森博嗣的同名作品，执导了动画电影《空中杀手》。与原著小说、同名游戏一起组成了《空中杀手》的商业蓝图。

剧情简介：这个世界已经取得了永久的和平，不存在战争，由两家战争承包公司进行战争秀，满足人们体验战争的欲望。虽然是作秀，但用的都是真枪实弹，当然也伴随着死亡。战争秀由“永恒之子”驾驶战斗机进行。

战斗机飞行员函南优一来基地报到，到任的第一天就显示出非凡的驾驶技术，轻而易举地击落了两架敌机。随着在基地的生活逐渐展开，函南优一渐渐发现了身边的谜团，自己所驾战机的前驾驶员是谁？为什么驾驶员消失了，战机却没有丝毫损伤？在展开调查的过程中，发现女长官草薙水素仿佛隐藏着某些不可告人的秘密。一天，白发战友汤田川在出任务时被对方的王牌飞行员“教父”击落，“教父”的出现引起了优一的关注，在心中暗暗盯上了他，随时准备决一死战。优一的调查仍在进行之中，谜团仍在水底，但是决战的号角却提前吹响了，两家公司出动多个基地的人员，展开了一场大会战。优一向“教父”发起了挑战，最终以失败告终。

押井守导演对原著的改编往往是粉碎性的，经常会与原作者产生矛盾，但是《空中杀手》的原作者森博嗣却是押井守的忠实拥趸，提出给他随意改编的权利，这就给了押井守导演以新的追求。本片的剧情展开呈现了新的形态，并没有呈现以往那种抽丝剥茧、环环相扣的探案过程，始终在接近真相之前停下脚步，而将背后的真相留给观众补充，可以说在创作上站到了新的高度。

通过对男主角疑惑的分析，并与影片的背景故事相印证，便可发现本片是以第一人称视角展开故事，而这个故事是一场战争游戏，所以主角函南优一并非“人”，而是游戏中的产品“永恒之子”，白发战友汤田川在被“教父”击落后又会以新的身份重生，从侧面展现了“永恒之子”的运作方式。而作为指挥官的草薙水素也是见到最多次轮回的人，她尝试过跳出轮回却始终无能为力。函南最终领悟了自己的命运，决心放手一搏：“即使是走过无数次的路，也能走到从未踏足的地方，正因为是走过无数次的路，景色才会变化万千。这样还不满足吗？或许正因为这样，所以才不满足吗？教父，我来挑战你。”也许这就是押井守导演对创作的最新领悟，即使创作了多种多样的作品，也仍然能找到未能触及的方向，也正因始终在做着重复的事情，才有着更深的理解，或许正因为能看到困难所在才不敢向前，唯有放下疑虑，放手挑战困难，才有可能取得更好的成绩。

第三节　押井守艺术风格研究

一、押井守的发明

押井守导演在动画技术的研究方面颇有建树，他每次拍电影都会考虑在技术方面创造一些新的东西出来，为了能够在二维动画的时代保证动画部门能准确理解他分镜中所绘制的镜头动态，发明了构图设计[1]（Layout System）技术；为了在影片中同时保留三维动画的技术优点和二维动画的艺术风格，他在拍摄《攻壳机动队 2：无罪》的时候强行将二维动画部门和三维动画部门拉在一起研究出了二维三维相结合的技术。

其中 Layout 设计技术在动画中的有效运用使以后的动画公司生产流程中都增加出了一个设计（Layout）部门，该项技术一经投入使用也直接提升了动画影片的品质。

Layout 设计技术就是导演分镜的细化处理，可以说是升级版的导演分镜，这一技术的核心环节是补充分镜中的场景细节，准确处理透视关系。对于设计的处理，押井守导演戏称自己是随身携带三角板，可见他对透视方面的要求十分严格。在出版的《攻壳机动队原画集》中，可以看到经过设计处理后的画稿，对前景、背景的透视关系都进行了细化处理，押井守导演将镜头中的动态进行了详细的描述，包括动作时长、空间关系、镜头运动细节、动作分解、台词节奏等，以片尾草薙素子与护卫装甲机器人战斗一幕为例，分镜绘制为素子躲藏在残墙之后，装甲机器人扫射残墙，墙体破碎，墙上留有数个弹孔。设计处理之后，押井守导演详细标出了残墙被子弹击破后裸露出钢筋的角度和形态、墙壁碎片飞溅的角度和动态、墙壁上每一个弹孔出现的帧数和间隔、素子的反应动作等。

对比分镜稿、Layout 设计稿和最终的成片，可以看出经过 Layout 设计处理，可以使动画生产流程中的各个部门准确把握导演所设计的镜头动态和动画节奏，避免了不同部门因为对导演分镜的理解不同而造成的大幅修改甚至返工。从最终的结果来看，不仅是成片质量得到了有效提升，而且制作进度也得到了有效保障。

在谈到自己发明构图设计（Layout System）技术的过程时，押井守导演说："为了实现它，我克服了各种各样的困难。说服动画师、制片人，获得了充足的做构图的时间。'要是有 4 个月那么长的时间去做构图，这段时间用来作画岂不更好吗？'虽然有人这样对我说，但做《机动警察剧场版 2》的时候做构

1 ［日］押井守．为胜利而战．彭琳译．长沙：湖南文艺出版社，2019 年版，第 34 页．

图用了四五个月的时间。作画本身应该用了大概 3 个月。就算这样，到底做构图是有效果的。”[1] 可以看出，这项新技术的提出，在当时是顶着非常大的压力的，但这也是押井守导演对动画制作长年思考、权衡利弊之后作出的大胆创新。

时至今日，这项技术仍然在动画公司中得以沿用，只不过伴随着软硬件技术的革新，在三维动画制作的过程中，已经有专门的软件用于制作 Layout 设计，使生产效率大大提升，对动画的中期制作提供了精确的信息保障。

二、出人意料的视角

押井守导演的艺术风格中，最具代表性的莫过于他在构图上的钻研与理解。他一方面会在自己的影片中尝试新的构图方式，另一方面在欣赏其他导演的影片创作时，也会尝试模仿经典构图，以领悟其中的要点。

他在构图上经常大胆创新，站在出人意料的视角进行构图，形成自己独特的风格。其中，最经典的莫过于利用场景中的反射作为画布展开构图，路面上的积水反射、镜子中的反射、杯子上的反射等，其效果类似于窗式构图，但因为反射又会形成镜像的画面，使得这样的构图最终呈现出与众不同的效果。

在《福星小子 2：绮丽梦中人》中，他还利用车灯照射形成的圆形视窗展开构图，车灯照射范围之外大胆地使用了全黑的画面，只在车灯照射范围内构图，形成强烈的视觉反差。

押井守导演的构图重点在于透视的处理，也就是在动画的前期创作中引入镜头的设计，利用动画摄影“全焦点”的特性，这也满足了他在运镜上喜欢进行纵向运动和大变焦镜头的要求，绝大部分影片中出现过人物对话的镜头使用近乎鱼眼镜头的变形夸张处理，形成极具特色的动画风格。在《攻壳机动队 2：无罪》中，这种主观全视角镜头搭配上光电信息特效，令观众仿佛置身于未来的赛博朋克世界之中，有效提升了观影感受，使得影片广受好评，这种主观视角的构图方式也启发了很多科幻电影的导演。

---

1 ［日］押井守．为胜利而战．彭琳译．长沙：湖南文艺出版社，2019 年版，第 34 页．

第四节　押井守的导演胜利论

押井守与宫崎骏、大友克洋并称日本三大动画大师，享誉国际，他的创作涉及漫画、动画、电影等领域，创作风格独特，影响深远。

对于导演生涯的奋斗目标，他总是以争取“胜利”来予以概括，那么对于押井守导演而言，胜利是什么？如何才能在创作的道路上成为常胜将军？从押井守导演的创作足迹中，或许能窥其一二。

一、押井守的导演之路

押井守大学就读于东京学艺大学教育学系美术组，大学期间因个人爱好开始独立制作电影，毕业后便加入了著名的龙之子动画制作公司，这家制作公司是1962年由漫画家吉田龙夫和他的弟弟吉田健二、吉田丰治共同创立。这家公司培养出了一大批日本动画巨匠，除押井守外，还包括天野喜孝、大河原邦男、高田明美、真下耕一以及西久保利彦。20世纪80年代，我国引进的动画片《宇宙骑士》《超时空要塞》《天空战记》都出自这家公司，在国内拥有非常好的观众基础。

1980年，押井守执导动画连续剧《尼尔斯骑鹅旅行记》，从此踏上了导演之路。

1982年，执导首部电影作品《福星小子1：只有你》。

1983年，押井守与鸟海永行共同监督，发行了历史上第一部OVA《宇宙战争》，从此为动画行业开辟了一个新的市场。

1985年，押井守与天野喜孝两位大师合作，推出科幻动画《天使之卵》，该片充满了两位大师的艺术探索，具有与传统故事性为主的动画明显不同的特点，因而从性质上被认为是“日本动画OVA第一弹”。

1988年，执导动画连续剧《机动警察PATLABOR》，1990年执导《机动警察剧场版1》，在机甲动画林立的日本动画界开创了一条真实化的道路。

押井守导演在各个领域皆有涉猎，他执导过的动画电影包括《福星小子1：

只有你》(1982 年)、《福星小子 2:绮丽梦中人》(1984 年)、《机动警察剧场版 1》(1988 年)、《机动警察剧场版 2:和平保卫战》(1993 年)、《攻壳机动队》(1995 年)、《攻壳机动队 2 : 无罪》(2004 年)、《空中杀手》(2008 年);真人电影包括《地狱番犬》(1991 年)、《阿瓦隆》(2001 年)、《东京无国籍少女》(2015 年)、《次时代机动警察 : 首都决战》(2015 年)、《血之友》(2022 年)。

2010 年,押井守导演受微软邀请,共同参与《光晕:传奇》系列短片的制作,在自己的创作类型中又增添了新的分支。

二、押井守的胜利之道

从押井守导演的整个职业生涯可以看到一个非常明显的特点,他的影片并没有出现过现象级的观影人潮,没有令人赞叹的票房收入,《福星小子 1 : 只有你》和《福星小子 2:绮丽梦中人》的观影人数都是 80 万人,《攻壳机动队 2:无罪》有 70 万人观影,而作为代表作的《攻壳机动队》在上映当年也只有 10 万人观影。相对于其他几位动画大师,押井守导演和他的作品也没有得过太多亮眼的大奖。那么,押井守导演是如何在没有市场支撑的情况下获得成功的呢?他又是如何做到享誉全球的呢?

(一)追求创作的独立性

押井守导演对作品的改编可以说是粉碎性的,从他执导《福星小子 2 : 绮丽梦中人》的时候,对剧本的改编幅度之大,可以说除了主要角色的姓名和设定保留以外,完全改成了另一个故事,以至于只要把所有角色的姓名和形象替换掉,就是一部全新独立的影片,与《福星小子》没有任何关系。从这种粉碎性的改编可以看出,押井守导演对于自己所执导的影片有着极高的追求,而对于任何一部影片而言,起决定性作用的都是故事性,所以他把创作的首要环节抓在自己手上,为了丰满的故事性,抛开原著的束缚。

他的这种创作方式与当今的市场化运作格格不入,市场原则下拍摄一部热门动画的剧场版影片或改编的流行小说,其目的就是将原著作的读者和粉丝吸引进影院,支撑起票房收入。以 2020 年外崎春雄导演改编热门漫画《鬼灭之刃》拍摄的剧场版动画《鬼灭之刃 : 无限列车篇》为例,剧情与原著漫画一般无二，只是使用华丽的特效和流畅的动画将原著情节以更具视听冲击力的方式展现在大银幕上，借助原著漫画的读者支撑起观影人数，其票房收入一路走高，直至404.3亿日元，超过宫崎骏导演的《千与千寻》一跃成为日本票房历史冠军。而押井守导演的改编每次都把原著拆解得支离破碎，原作的观众和读者自然是不会买账的，甚至原作者也是大为不满，对应到票房收入上自然是一败涂地。

然而，如果将押井守导演与外崎春雄这样市场化的导演相比较，就会发现，两人的评价与地位之间的差距就如同两人影片的票房收入差距一样，只不过这一次获胜的却是押井守导演。由此可以看出，押井守导演在改编剧本方面坚持自己的独立性，将剧场版电影当作一部独立的影片展开创作，完全不考虑其市场因素，成就了他在影片创作中的特殊地位。然而，这样做所带来的压力也是可想而知的，直接导致他自《空中杀手》之后就再也没有接到过剧场版动画的片约，毕竟如今的影院市场已经今非昔比，鲜有制作方愿意为原创动画冒险投资，绝大多数是根据市场的选择进行原著漫画、游戏、小说的电影化制作。

（二）追求作品的思想性

押井守导演改编作品的一大特征就是提高作品主角的年龄层次，让作品摆脱儿童动画的束缚，从而将一些引人深思的哲学思考引入作品之中。其中最典型的例子莫过于《机动警察剧场版2：和平保卫战》，直接抛弃原著中性格阳光、活泼好动的男女主角篠原游马和泉野明，而把懒散大叔形象的队长后藤和人到中年的代理课长南云忍设定为男女主角。这样的改动直接把影片的整体意境也从阳光明媚调整到了阴霾密布的灰色阴郁，仅从画面氛围就能感觉到身边无处不在的阴谋。之后在《攻壳机动队2：无罪》之中，同样也是抛弃了绝对主角草薙素子，而起用大叔巴特和特古沙二人组作为主角展开故事，使故事的基调更符合成人化、思想性的追求。

对于隐藏于影片之中的思想性，押井守导演有着独特的展现手法，他往往将这些生涩难懂的哲学问题隐藏在案件之中，通过主角们查案的过程，抽丝剥茧般将这些问题逐层展露在观众眼前，让观众跟随主角一同陷入问题之中，一同思考，一同讨论。押井守导演从不把想法直白地表露出来，但是经过与主角一起探案的过程，观众们便已心领神会。比如，《机动警察剧场版2：和平保卫战》

隐约所指的美军驻军问题，对于和平表象的探讨，全片未提一字，但是主角身边遍布的阴谋却处处指向问题所在，引人深思。《攻壳机动队 2：无罪》之中对机器与生命的探讨亦是如此，导演只是通过镜头的设计与情节的安排，指引观众去分析问题，而自己的看法通过影片中的机器人偶间接隐藏在情节之中。在《空中杀手》中，除了在片头处用引文表述了战争游戏的背景之外，再也没有对主题进行类似释义的处理，让观众始终处于理解和不理解的边缘，真相似乎就在眼前，但是直到影片结束都无法抓住。

与市场化、速食、爆米花式的商业影片相比，押井守改编后的动画电影更像是一坛陈年老酒，初尝之下略微上头，有点找不到方向，但是饮完之后便会发现余香悠长，回味无穷。这便是将思想性融入作品所能起到的效果。

（三）追求技术的创新性

在押井守导演的眼中，所有的导演都是发明家，在动画技术上都有自己的“发明”。站在技术革新的角度，首先要提的便是手冢治虫发明的“三帧动画”。传统二维动画的制作过程，早期使用的是一拍二的方式，也就是按每秒 24 帧画面计算，只用绘制 12 帧，每帧画面拍摄两遍再重新排列回 24 帧。而“三帧动画”是一拍三，每秒 24 帧画面只需绘制 8 帧，每帧画面拍摄三遍，这样就能大大缩短制作的时间，同时也就意味着成本降低，经济效益就凸显了出来。对于“三帧动画”的出现，宫崎骏导演一直持反对的态度，认为这种舍弃影片质量的技术导致的唯一结果就是市场上劣质动画的泛滥。但押井守导演对于“三帧动画”更倾向于学习利用的态度，在全帧动画、2 帧拍和 3 帧拍之间反复比较，并有效加以利用。他说：“我努力思考 3 帧动画的意义。结果，在拍《机动警察剧场版 1》的时候我第一次明白了 3 帧动画的意义。”[1] 经作画监督黄濑和哉提点，相较于 2 帧动画温吞吞的感觉，3 帧动画更容易表现出力度，而这种区别是由原画的风格决定的，对于《机动警察剧场版 1》这种写实的风格来说，每一帧画面都有大量的细节绘制，用 2 帧动画表现时画面以正常的速度播放过去，不会给人留下印象，但是使用 3 帧动画的话，因为画面停留时间长，根据视觉暂留原理，观众看到的关键帧姿势就会变成一种残留的印象保留在观众脑中。

1　[日]押井守．为胜利而战．彭琳译．长沙：湖南文艺出版社，2019 年版，第 93、94 页．

在龙之子的创作过程中，押井守导演不断地琢磨全帧动画、2 帧动画和 3 帧动画的关系，逐渐形成了适合自己风格的技术特征，原画不是越多越好，而是要能适配影片的节奏，根据动作的需求进行适配。

押井守导演对于日本动画界最大的贡献，在于他在学习宫崎骏导演分镜方法过程中发明了“构图设计”（Layout System），就是在导演分镜绘制好以后，对分镜进行细化升级，初步完成背景绘制，并标示出各种透视关系、动作持续帧数、背景动画细节等动作关系。

宫崎骏导演所绘制的分镜是基于他对于整个动画生产流程的统筹经验叠加而成的，分镜之中对各个部门的操作细节都有标注，包括拍摄尺寸、灯光角度、运动速度等，这些信息对于没有经验的导演来说是学不了的。但是押井守导演不愧为鬼才导演，他依然可以从中吸取经验，提取自己可以借鉴的部分，将普通的导演分镜升级细化为设计稿，并将自己的心得整理为《METHODS——押井守〈机动警察 2〉演出笔记》予以出版，作为动画教科书让 Layout 设计技法得以普及传播。

在拍摄《攻壳机动队 2：无罪》的时候，押井守导演积极研究方兴未艾的三维动画技术，将 3D 和 2D 部门强行拉在一起，研究二维、三维结合的动画，既保留了三维动画在空间表现上的优势，又保留了二维动画的夸张、变形等艺术表现力，让《攻壳机动队 2：无罪》无可挑剔地展现出了一个拥有无限多细节的赛博朋克世界。这种二维、三维相结合的动画表现形式也为今天的三渲二技术开辟了新的发展空间，成为当今主流的动画制作方式。

（四）对于日本动画未来的思考

从押井守导演对待创作的态度，可以看出他的导演胜利论核心是“导演与票房之间的战争”。对于日本动画未来的发展应该是以导演为中心，通过导演的创作内容去吸引观众，还是应该以市场为中心，以潜在观众为基础，通过忠于原著的动画电影最大化获取票房收入。对于这个问题，押井守导演与宫崎骏导演不约而同地给出了属于动画长片的时代已过去的结论。在市场经济高度发达的今天，互相竞争的制作公司数量激增，每年投放的动画数量过多，而日本市场还受限于本国人口基数小，整个电影市场容量小的局限，想要在激烈的竞争中脱颖而出，唯有提高成本“燃烧经费”，这就导致制作公司没有试错的空间，自然便会顺应市场潮流，选择对已有观众基础的漫画或者游戏进行视觉效果上的强化处理，从这个角度来看，未来电影市场需要的是能够保证各个部门协调工作，完成影片制作的流程型导演，而不是更有思想深度的创作型导演。

押井守导演坚持自己的原则，希望在策划阶段就能和各方划清权责，自己在创作上不受干扰，这样才能继续推出符合自己预期的作品。但是，这显然不受当今市场的支持，导致他自《空中杀手》以后便再也没有接到像《机动警察》这样高投入的片约。

面对当今动画电影市场的变化，押井守、宫崎骏、大友克洋日本三大动画大师同时选择了回归动画短片的制作，押井守导演受微软邀请，共同参与《光晕：传奇》系列短片的制作，大友克洋导演参与动画短片集《SHORT PEACE》的制作，而宫崎骏导演自《起风了》之后也将创作的重心放在了三鹰之森吉卜力美术馆内的短片制作上。这也意味着日本动画经时代的更迭，像《机动警察》《攻壳机动队》这样个人风格明显的原创电影很难再出现在银幕上。未来的动画电影将会更加功利，在票房收入上一定会持续创出新高，但是影片背后的导演必然会被限定为庞大电影生产体系中的一个傀儡，更加难以达到“三大动画大师”的高度。

第八章　大师们的创作特征

综合以上七位大师的作品、创作手稿以及访谈文献分析，可以清晰地看到每位大师在动画电影创作这条道路上的成就，分析他们的创作特征，可以从中汲取养分孕育我们自己的动画创作，但更为重要的是可以看到大师们为了将最好的作品呈现给观众而作出的努力，他们在故事内涵上的表达、艺术形式上的追求、技术手段上的研发都为我们提供了难能可贵的经验基础。

一、宫崎骏

宫崎骏导演的每一次创作都会在故事的宏观背景上下足功夫，他在创作的时候都会先把脉时代特征，研究清楚创作当年社会上的重点事件，了解人们的思潮，再把时代特征融入自己的作品之中，深度挖掘作品的内涵，使作品更具思想性。这样的创作理念也使得他的作品更具解读的空间，同时也根据时代的特征被赋予了“女权主义”“绿色环保”“反战主义”的标签。同时，他的创作也是最关心儿童的，总是会把自己对儿童教育的一些想法融入作品之中，其中最具代表性的莫过于《千与千寻》，整部影片都在鼓励都市中长大的孩子学会自强自立，而正在紧锣密鼓制作之中的《你想活出怎样的人生》更是直指“成长”和“教育”这两个主题。

站在艺术创作的角度来欣赏宫崎骏导演所绘制的分镜头，可以说分镜稿本身就是一件艺术品，他对每一个镜头的构图、镜头运动、角色运动、场景细节都经过仔细的考量以后才会落笔，并且同一个镜头还会多绘制几种构成方式进行比较，最终确定的分镜稿几乎都是最完美的结果。其最大的特点在于平衡的画面与丰富的背景动画、角色动画、流畅的镜头动态完美契合，画面上每一根线条都物尽其用，最终造就了画面中布满动态却又能井然有序的效果。

宫崎骏导演在动画技术上的追求极具特征，他是坚定的二维手绘动画技术维护者，他对电脑 CG 技术以及三维动画技术公开表示排斥，认为 CG 技术虽然先进却显得呆板，始终无法实现二维手绘那种随心所欲的创作风格。为了保证这种手绘的自由度，他在创作《悬崖上的金鱼姬》时亲自上阵，手绘了所有的海浪动画。无奈，随着时代的变迁，能够保持这种手绘技术的动画师已经不多了，宫崎骏导演在后来的创作中也开始逐步引进 CG 技术。

二、新海诚

新海诚导演在故事上始终围绕着青少年懵懂的情感展开创作，他非常善于创作轻小说，故事短小、行文辞藻华丽、不拘一格，他更在意的是一种情感的传递，深得少男少女的喜爱。这样的故事短小精悍，能够有效地提高传播效率，但是缺点也是显而易见的，由于缺乏故事的整体框架，就会在最终的影片中呈现出故事比较“散”的特点，尤其是《秒速 5 厘米》《言叶之庭》这两部影片，呈现出对影片细节的赞誉超过故事本身的情况，也给新海诚招来了“不会说故事”的评价，但是擅长情感表达这一特征同时也展露无遗。

从艺术特征上看，“每一帧都精美如壁纸”的画面表现力足以成为新海诚的标签。他的这种通过实拍取景，再在照片基础上利用电脑 CG 技术深入描绘极致细节，精心打磨的创作方法与他的轻小说非常契合，可以将画面细节与影片意境完美结合，从而把观众的注意力吸引到每一段镜头之中，而这些源自观众生活中常见的画面又能给观众以代入感，引起情感共鸣。

新海诚可以说是最早一批研究并使用电脑 CG 技术的导演，他最初的工作是在游戏公司制作游戏的 OP 动画，并没有接触过动画公司的生产流程，因此从制作流程以及技术手段方面另辟蹊径研究出了一套适合自己的方法——故事脚本确定以后首先依据故事发生的场所，利用数码相机进行广泛取景，从中筛选出合适的照片后利用电脑 CG 技术进行场景重绘。随着三维动画技术的日益成熟，又将三渲二的技术融入场景绘制之中，最终得以将《你的名字。》中流星坠落这样大角度摇动镜头的经典画面呈现出来。可以说，无论是在轻小说的故事构成还是电脑 CG、三维动画技术的应用上，新海诚导演都走在了流行的前沿。

三、高畑勋

毕业于东京大学文学系的高畑勋导演在故事创作上尽显功力，他执导的影片不仅故事整体结构稳固、叙事清晰，更难能可贵的是故事中充满了耐人寻味的细节，于细微之处见真情，从而为观众带来最大的感动。《岁月的童话》中，对生活点点滴滴的描写汇聚成河，将一件件平淡无奇的小事串联在一起，引起观众的回忆与共鸣，可以算得上巅峰之作。不过后期他开始追求更多艺术化的东西，在吉卜力工作室主办的月刊《热风》上开创了一个栏目，撰写艺术画作的评鉴，而他所执导的影片也渐渐脱离了普通的叙事影片，更多是追求艺术效果，这也使得他的作品渐渐失去了市场的追捧。

细数全世界的动画导演，高畑勋在艺术上的追求可以算是最幸运的，他在《岁月的童话》中初步尝试将不同的艺术风格带进创作之中即获得强烈的反响，不错的票房收入给了他足够的信心展开下一次尝试。在《我的邻居山田君》中，他成功地在动画中实现了铅笔笔触开放性勾线、水彩着色的艺术表现形式。其后，在吉卜力工作室无法为他的艺术创作预留足够预算的情况下，更是由日本电视台前会长氏家齐一郎出资协作拍摄了《辉夜姬物语》，将日本古典绘画的艺术风格运用到了动画电影之中。

高畑勋与宫崎骏两位大师当年离开东映动画的初衷就是要拒绝制作商业化的“垃圾”动画。两位大师分别在制作的精致程度和艺术效果上展开了对商业动画的反击，高畑勋导演为了在影片中实现不同的艺术效果，更是斥巨资展开了技术研发。从《我的邻居山田君》到《辉夜姬物语》的画面上可以看出，前者的动画中铅笔笔触会有抖动的现象，而后者的毛笔笔触处理得十分自然，制作团队已经掌握了成熟的艺术动画制作技术，不过可惜的是，这种耗资巨大的制作方式已经被今天的市场抛弃，这种绘制技术恐怕再无用武之地。

四、细田守

从动画公司基层打拼出来的细田守导演，最大的优点在于善于学习，善于聆听，他在创作的过程中不断积累经验，形成了自己独特的创作思路。他在故事创作过程中总是从自己身边的人和事中寻找素材，让故事尽量贴近观众从而引发观众的共鸣，但如果故事只是基于这些平常的生活展开，必然显得平淡而无新意，所以他通常会在平常世界的基础上同步打造一个平行的幻想世界，让平凡的主人公可以展开奇幻的冒险，这样便能同时满足观众对刺激、华丽的冒险情节的需求。

细田守导演对“两个世界”的打造，同时也引出了极具个人色彩的艺术风格。基于现实存在的场景，使用二维动画打造平凡的现实世界，而对于奇幻的平行世界，则采用三维动画的技术来创造。其中，对于二维世界的绘制常常使用大广角镜头进行构图，形成平静的画面效果，而对于使用三维动画打造的奇幻世界尽可能多地安排动画元素，形成热闹的画面氛围，其中《龙与雀斑公主》中的元宇宙世界 U 中所制作的动画元素达到了目前制作设备的极限，展现出了一个宏大而又前卫的奇幻世界。

细田守导演对动画技术的研发是极具开放性的，只要是能够对自己的创作有所增益，他都会学习与尝试。不管是传统的二维动画技术或先进的三维动画技术，他都能游刃有余地运用到自己的创作之中。在《龙与雀斑公主》中更是在音乐音效上寻求新的突破，配合 IMAX 影院和杜比全景声技术，为观众带来了一场极具享受的视听盛宴。

五、大友克洋

大友克洋导演最大的创作特征在于他对科幻的执着追求，他于 1983 年获得“第四届日本 SF 大赏”，这也表明他的创作得到了日本科幻作家俱乐部的首肯。他执导的动画电影长片虽然只有《阿基拉》和《蒸汽男孩》这两部，却分别带动了赛博朋克和蒸汽朋克这两个科幻类别的创作，影响了其后几十年的科幻动画。他在创作中始终保持着尖锐的思想性，通过影片将“科学究竟是什么？我们该如何看待科技？”这样的问题抛给观众，引发思考和探讨。

大友克洋高中毕业后即以漫画家的身份展开了自己的创作生涯，他最引以为傲的便是极度细腻的手绘功底、逻辑严谨的机械装置设定，这一特征也被带进了他的动画电影里。这两个方面也是宫崎骏导演所擅长的，不过两人在风格上却大相径庭，宫崎骏设计机械装置更多考虑的是保证画面的流畅性，装置与角色的互动性，设计以动态效果为着力点，目的是增加动画的趣味性；而大友克洋所设计的机械装置更注重结构特征，设计以结构的合理性为抓手。简单说来就是大友克洋所设计的机械装置从动力来源到动能传递，每一个结构都有合理的动态；而宫崎骏设计的机械装置有着更天马行空的动力来源和传递结构的设定，虽然机械运动不合理，却能带来更加丰富的动态。以宫崎骏设计的天空之城和大友克洋设计的蒸汽城相比较，一个以“飞行石”作为动力，静静地飞翔在云层中；另一个以“蒸汽球”作为动力，跨出机械腿，冒着蒸汽一步步行走，两者同样是震撼人心的巨大城堡，却给人以截然不同的设计感。

大友克洋对动画技术的追求具有划时代的特征，他在拍摄《大炮之街》时首次在动画影片的制作中研发相关技术，尝试了“一镜到底”的拍摄方式。而在拍摄《蒸汽男孩》时，更是不惜成本地带领团队研发了使用三维动画制作出二维动画画面效果的技术，这也为今天动画制作中最为流行的三渲二技术打下了坚实的基础。

六、今敏

今敏导演的叙事风格可以说是独一无二的，从执导《未麻的部屋》开始，到后来的《千年女优》《东京教父》《红辣椒》，无一不是错综复杂的多线叙事，故事同时以多重身份展开、交织，最后纠结钩织出结尾。尤其是改编自筒井康隆同名科幻小说的《红辣椒》，能把无数个梦境串联而成的故事搬上银幕，还能完成完整的叙事，恐怕除了今敏导演再难有人可以做得如此完美。

与多线叙事的手法相匹配，今敏导演所采用的艺术手法也是非常鲜明的，那就是大量使用蒙太奇的剪辑手法将影片切碎重组，同时也尝试使用不同的画面配色以及设计元素的变化对不同的叙事线索进行区分，这样就形成了一种虚实交错、节奏明快的画面风格。其中最具标志性的，莫过于《千年女优》从第65分钟开始的千代子跑着追逐画家这一段长达5分钟的蒙太奇段落，今敏导演将现实、记忆以及银幕上的千代子片段剪碎后重新排序组合在这一个段落之中，保持节奏感的同时也将所有的线索聚集到了一起，形成了独特的艺术特征。

七、押井守

押井守导演以粉碎机式的改编手法而著称，他在创作的过程中希望自己能够站在主导的位置把控全局，这样的好处是能够在作品中保持自己的风格，但是同时也招致原著作者的不满，他在拍摄《福星小子 2：绮丽梦中人》的过程中就将幽默搞怪的《福星小子》原著改编成了怪诞诡异的悬疑剧，引起原著读者的不满。但同样是粉碎性的改编，他所执导的《机动警察剧场版 1》和《机动警察剧场版 2》却广受好评。不过对于原著作者来说，押井守导演的这种创作风格始终是太过于强势，所以自 2008 年执导《空中杀手》之后便再也没有执导改编动画电影。

押井守导演的艺术风格集中体现在画面的构图上，不同于传统动画的平面构图，他更多采用具有纵深感的构图方式，并且尝试利用场景中的一切元素进行反射构图，除了常见的镜子、积水以外，还会利用杯子、金属栏杆等具有反射属性的物体进行具有变形效果的构图。这种对不同构图方式的尝试，特别是纵深空间的利用最终体现在影片中，搭配力量感十足的角色动画，形成了非常真实的镜头感。

由于押井守导演对镜头构图有着更多的要求，导致单纯的分镜稿无法准确地将他的想法传达给各个绘制部门，所以他在分镜稿的基础上发明了构图设计（Layout System）技术，即在原始分镜稿的基础上进行细节标志，包括画面的明暗、动态变化的具体方式、空间关系、镜头动态等。从最终绘制好的设计稿上看，画面上多出了很多对于画面和动态的细节指示，乍一看有点像宫崎骏导演的分镜稿，但是两者有着本质的区别。宫崎骏导演在分镜稿上绘制出的指示信息以及详细指令基本上是针对后期摄制阶段的，而押井守导演所绘制的设计稿更多的是给背景绘制和原画部门的指示。这一技术的研发，使导演的创作思想得以准确传递到各个生产部门，对于提升动画影片的质量起到非常重要的作用。